DIVERTIMENTO II

Antología Poética

Colección Archipiélago

Colección Archipiélago
Divertimento II, Antología poética 2015
Primera Edición
ISBN: 0692535829
ISBN-13: 13: 978-0692535820
Copyright © 2015, Editorial Zayas.
PO Box 373244 Cayey, P.R. 00737-32447 Tel. 787-263-5223
www.editorialzayas.com   Facebook: facebook/editorialzayas

Cada Autor es dueño de los derechos de sus obras particulares.

TODOS LOS DERECHOS RESERVADOS. Este libro contiene material protegido por leyes internacionales y federales de derecho de autor. Cualquier reimpresión o uso no autorizado de este material está prohibida. Ninguna parte de este libro puede ser reproducida o transmitida en cualquier forma o por cualquier medio, o por cualquier sistema de almacenamiento y recuperación sin el permiso expreso y por escrito de los autores participantes en este libro y del editor.
All rights reserved.   No part of this book may be reproduced or transmitted in any form or by any means without written permission from the authors.
Datos de Catalogación
Divertimento II. Antología Poética
Santa Isabel: Editorial Zayas, 2015
Antología-Diversos Poetas-Literatura Puertorriqueña-Literatura Hispanoamericana-Poesía-Español
Fotos de portada: giemmefoto. fotolia.com/Ilustraciones: Printmaster
Diagramación y Diseño de portada: Dr. Miguel Ángel Zayas
Concepto original y Compiladora: Jeannette Cabrera Molinelli

PALABRAS DEL EDITOR

Divertimento II antología poética es la secuela de la antología *Divertimento*, concepto que nació de un juego literario entre amigos escritores en la red social Facebook.

La escritora Jeannette Cabrera Molinelli vuelve a unir a un grupo de poetas puertorriqueños en un junte literario, amparado por el respeto a la individualidad y enmarcado en un ambiente de genuina camaradería.

Igual que en la primera versión, en este libro se han respetado las voces y estilos de cada poeta, logrando una exquisita variedad de temas y técnicas con armoniosas voces poéticas.

¡La diversión continúa!

Dr. Miguel Ángel Zayas

Contenido

PALABRAS DEL EDITOR 5
Edwin Ferrer 13
Pos mortum 15
No te debe preocupar 16
Cantos a Borinquen 17
Abismo 18
Tankas 19
Betzabeth Walesca Pagán Sotomayor 21
Espectro 23
Umbrosa 24
Lóbrega 26
Impotencia 28
Julia Magaly Toro Acevedo 29
En néctar de amor 31
En tres gotas de veneno 32
Se robaron los colores 34
Sin conocer la paz 35
Te convierto en poesía 36
Denisse Pino 37
Desvelada 39
En mi universo de horas 40
Disidente 42
Poema del hastío 44
Ansias 45
Héctor "Chè" Cruz-López 47
Aritmética 49

Impresionismo 50
Descubrimiento #3 52
Transparencia 53
Regalo azul 54
Natalie Ann Martínez Valles 57
Mujer Guerra 59
Esclava..60
Huella..62
Otras calles 65
Nixaliz López Padilla..67
La Fuente 69
Yo Soy Mala...70
Ojos míos 72
Bésame 73
Esta Noche 74
Maricelly Cruz 77
Cuando te miro 79
Cuando cierro los ojos…soy feliz.................................80
No necesitas ser enmendado 82
Querida *tablet* 84
Un solo mundo 87
José G. Santos Vega 89
8.1, 1.8..91
Tres Pasos..92
Al Fondo 93
Entre Mis Dedos 94
La Rosa Rozada 95
Nora Cruz..97
Mi grito inicial...99
¡Gracias poetas! 100
Musa en éxtasis 102

Locura psíquica 103
Te pregunto 104
Viento Serena 107
Lo que sí soy..109
Como y cuando 110
Melancolía, buenos días 111
El llanto de mi verso 112
Luego 114
Lilliam Arnau 117
Abecedario 119
El camino que tomé 120
Salmo a la patria..122
Gracias al Padre 124
Melvin Rodríguez Rodríguez..125
Contigo 127
La caja de Pandora 128
Eros y Psiquis 130
Fénix 132
Mujer oscura 134
Marisol Colón Aponte 137
Cantos de Rebeldía 139
Desperté Poeta 140
Luna Luna..141
Te Escribo al Morir 142
Y Quise Volver al Mar..143
Perla Iris Rivera..145
Mis mares revueltos 147
Epílogo de una vida ausente..148
Mi recóndita armonía 150
Eyanore 153
La Tortura de Ixión...155

En vuelo	157
El secreto de la soledad	159
Le temo al olvido	161
Un lugar	163
Richardy Reuben Vazquez Dávila	165
Allí	167
Estoy a salvo	168
Mi bien amada	170
Te perdí sin quererlo	171
Palabras	172
Waleska Victoria Castillo Crespo	173
virtuosos	175
cadenas del alma	176
aire del sonido	177
vaquero barba y whisky	178
inventario	179
Sarah Ileana Sánchez Díaz	181
Destierro	183
Desde hoy	184
En el parque	186
Madrugada	187
Esa noche	188
Eyanore Azabache	191
Rescate	193
Un Río de Dolor	194
Me enamoré	196
Días de Lluvia	199
Volver	200
Breve Historia	203

Divertimento II

DIVERTIMENTO II

Antología Poética

Colección Archipiélago

Divertimento II

"Escribo estrictamente para la diversión... Mientras que se mantiene la diversión, voy a seguir haciéndolo."
Tom Clancy

Divertimento II

 EDWIN FERRER

Nace en el hospital de Salinas en el año 1955. Siempre se apasionó por su pueblo y su idiosincrasia y hoy día lo ve como si fuera el mismo despertar del ayer, pero sin cañaverales. Han sido pocos los cambios de su gente y se une a ellos a contar sus experiencias de niño rondando desde el cementerio hacia el pueblo. En el libro *Los fantasmas de mi pueblo,* describe desde la nuca de los difuntos que lo vieron crecer y que de alguna forma le contaron su historia, los hace reencarnar desde una perspectiva humanitaria. Aquellos que llamaron seres pintorescos podrían haber sido los mártires en su pueblo. Por otro lado, en el libro *La rebelión de los espiritistas,* quienes lo implican en sus problemas, nos relata la vida de una espiritista llamada Petra Lafontaine que se une a varios para tratar de arreglar un pueblo con su jocosa metafísica satírica. Cuenta con un poemario de Tankas y Haikús titulado *Fragmentos del alma.*

Divertimento II

Pos mortum

En mi pueblo ya el río no crecía
y en secas ramas muertas se mostraba.
En campos de sal vi que se tornaba
del viejo hospital mientras moría.

Del polvo del Sahara se cubrían
los niños que aun naciendo estaban.
Llorando en sus cunas allí gritaban
y en torcidas raíces se volvían

No sé qué fue la causa de tal daño,
a fuerza de llanto, crecer temía,
este niño que sus lágrimas regaba

¡Oh mutilada ruina, triste antaño!
Que si te lloro cerca cada día
es porque mi vida por ti soñaba.

No te debe preocupar

No te debe preocupar
que la Luna pura y serena
brille esta noche
con la imagen de su cándida inocencia,
sin mancha ninguna...
No te debe preocupar
que su pálido rayo de luz
como lluvia de oro caiga
sobre las cuerdas de una guitarra,
que cante al amor y la libertad.
No te debe preocupar
cuando un ser en el mundo habita
en busca del alivio de la noche
que a su blanca luz solicita
para recibir su sol.
No te debe preocupar
que la virgen con sus manos
levante el pétalo de una flor
para ponerla a los pies del señor
pero...
una sola cosa te debe preocupar
que te falte amor.

Cantos a Borinquen

(Décima #10)
Hay un corazón erguido
entre las flores más bellas
es la más linda doncella
que de Dios haya nacido.
Yo nunca he comprendido
porque el destino lo quiso
pintó de rojo en hechizo
la flor de los flamboyanes
¡Que de Dios eran sus planes
ser Borinquen paraíso!

Abismo

Cayó mi alma
en el pozo de la noche.
Percibiéndote
penetré el bosque
de tu mundo solitario
como estrella fugaz.
Ya no habrá otra luz que te ciegue.
Si es de noche
cierra los ojos
que en los poros de tu piel
voy a despertar.

Tankas

Amor jíbaro
sobre el suelo patrio
el coquí canta
su canción de amor
en el hueco del cuatro

Borinquen mi flor,
aunque estás tan lejos
te siento mía
y dentro de mis sueños
percibo tu fragancia.

Divertimento II

"La alegría es la piedra filosofal que todo lo convierte en oro".

Franklin Roosevelt

BETZABETH WALESCA PAGÁN SOTOMAYOR

Nació en Aibonito, Puerto Rico, el 25 de junio de 1978 en el Hospital Menonita. Sin embargo, creció y comenzó la escritura de sus poemas en Jayuya. Graduada de la Escuela Superior Josefina León Zayas de Jayuya en el 1995. En el año 2004 completó sus estudios universitarios en Educación Elemental en la Universidad de Puerto Rico. En el 2007 completó los créditos conducentes a la Certificación de Español Secundario. En el 2008 obtuvo la Certificación Bilingüe del Estado de Texas a nivel elemental. Próxima a completar su Maestría en Currículo y Enseñanza en Español en la Caribbean University en Ponce. Madre de dos hermosos niños, Urayoán André y Bayoán Joel, por quienes aún se mantiene en pie de lucha. Jayuyana, madre, maestra y mujer con un gusto insaciable por las artes. Comenzó a escribir poemas cuando tenía aproximadamente unos siete años. Su poema *"Puerto de las desventuras"* fue publicado en la *Antología de poemas de amor* de Casa de los Poetas en el 2012. Su poema *"Geografía Inválida"* figura en la *Antología Fronteras*

Divertimento II

de lo imposible de Casa de los Poetas en el 2014. Ha sido publicada en varias revistas literarias, entre ellas: *FACTUM, Monolito, Letras Salvajes, Panorama Cultural, Inopia* y otras. Forma parte de los colectivos *Algo que decir* y *Las Musas Descalzas*.

Espectro

Inundas mis poblados
a fuerza de tu presencia onírica;
vuelves hondo
a sumergirte en mis entrañas;
vuelves misterioso
y rectas por mi columna.
Te hospedas, peregrino,
al sur de mi continente;
me rondas segundos,
minutos, horas, días...
Tu visión me acompaña
y danza al compás de mi lujuria.
Se compilan noches de insomnio,
de deseos rumiantes.
Escudriño en la irrealidad
buscando tu rostro,
vagando sin pudor,
fugitiva de mí misma,
por los laberintos retorcidos
de mi hambre, luciferina.

Umbrosa

A la vuelta de la esquina
hay un silencio que se expande,
el sopor de un íntimo ruego
de esperanzas en pozos hondos.

Es en su práctica diaria
donde ha quedado anegada, errátil;
todo le es ajeno,
ya no corre al encuentro
de las manos.

Repasa, como en murmullo,
el decálogo de su naturaleza quebrada.

Todos los días cose los trapos
que las noches rasgan
y plasma en su cuaderno
el temblor de las palabras rotas,

del verbo...
el suicidio quimérico en cada orgasmo...
la muerte viva, y la agonía
de la caricia árida...

Ya es tarde,
   su voz está muerta.

Avanza silente en la noche
porque ahí sus emociones
de mujer malograda
se enroscan entre las ráfagas.
Perdida está en el éxodo
de las muertes que la anticipan.

Lóbrega

La sonrisa se atraganta
y mi cuerpo convulsa.
Una cascada de caricias
descansa sobre mi piel desnuda
y una luciérnaga de tristeza
se agarra fuerte a mi pecho.
Hay un ruego de flor madura
que repica,
y un boceto a medio terminar
aquí, en mi vientre.
Mis manos están pobladas
de auroras orgásmicas
y el himen inmutable,
desafinado bajo el arpa anónima,
se transforma a fuerza de esperarte.
No temo a lo habitual,
sino a alucinaciones enajenantes de tu figura;
a esta soledumbre que me devora
y al minuto que me huye.
Ataviada de silencios,
no soy más que ánima que se desplaza
en espacio indefinido

de sueños pulverizados
y se abandona íntima
a la doliente ambigüedad de su alcoba;
al ritmo insonoro de la muerte.

Impotencia

Me sorprendió la luz del día,
desvelada,
con la mirada rota del alba,
pasmada, contra el espejo empañado.
La solemnidad de mis harapos
húmedos,
punteando la saciedad obstinada.
Intuyendo el orgullo suicida,
mi orgullo,
en este mínimo espacio
cargado de detalles sigilosamente
sobornados.
La cama... tibia aún
y el gastado sudor del desplante
plasmado en mi frente.
La imagen de una amante malversada
que se quiebra
y se deja caer, vencida,
con la debilidad de un títere.

JULIA MAGALY TORO ACEVEDO

Nació en Mayagüez, Puerto Rico. Graduada de Ingeniería de la Universidad de Puerto Rico, Recinto Universitario de Mayagüez.

Trabajó por veinticinco años en la Autoridad de Energía Eléctrica. Desempeñó trabajos gerenciales y ejecutivos en supervisión, en plazas no ocupados por mujeres previamente en la empresa. Participó en la Primera *Antología Micrófono Abierto Casa Emilio* (Editorial 360, 2014).

"Mi amor por las letras es un redescubrir constante. La poesía seduce mi voz interior y la transforma en letra escrita, en grito, en silencio, en esperanza. Amo la literatura, la pintura, la voz clásica, la música y otros talleres que liberan la creatividad y llenan de pigmentos felices mis manos inquietas."

Divertimento II

En néctar de amor

En néctar de amor se humedece el pecho
¿Cómo alimento mi niño muerto?

Aplastado el rostro
Destrozado el cuerpo
Terminó la vida que guardaba dentro

Se rompió el espejo
Se gestó la voz
Locura

Soy un edificio en abandono
Refugio de pesadillas
el Abrazo es frío en la piel

Mis pasos en el remolino de los gritos
No añade distancia en mí

Se eleva el aroma como oración
su último llanto me cubrió como rocío

En néctar de amor
se humedece el pecho
cuando beso los labios
a mi niño muerto

En tres gotas de veneno

En tres gotas de veneno
Ofrecí el aroma
Tu boca robó todo en mí
Mi piel vistió tu esqueleto
Respiré tu aire
Descansé rocío
Me quedé dormida
Sobre la sombra
Se evaporó mi ser
Abracé el desvelo
Abandoné el camino
Sumergida en esta muerte infierno
Desvestí mis pies
Los llené de heridas
Les robé el honor
Me detuve en la espera
En el miedo sin voz
Rechacé el reflejo
Destruí el color
Vestí con sangre la espina en piel
Desperté en asombro, desperté mía
Arrebaté mi sombra arrastrada por tu silueta
Abracé la herida
Desaté los nudos
Recuperé en la mirada los sueños entregados en adopción
Rompí el sello de mi voz

Julia Magaly Toro Acevedo Divertimento II

Con latidos en flor
Recuperé mis ruinas
Recuperé el sendero
Respiré la ternura
Que abraza la desnudez
Retomé el vuelo con o sin miedos
Sin el frío del abandono y de la sensatez

Se robaron los colores

La niebla envuelve la silueta cabizbaja
Mis ojos cerrados
Buscan el camino, las huellas, el reflejo, la voz
Me detiene la raíz
Que hace de mis pies un nudo
Me lanzo a los brazos del suelo
Quien golpea una y otra vez
Hasta que el cansancio arrulla mis vestiduras
la risa esconde mi desnudez
Despierto junto al HAMBRE
Limpio el cuerpo con lágrimas en Maldición
Descubro los surcos de sangre, en piel
Lastimo la herida
La cubro con Sal
Sin fuerzas estremecida por el frío
Corto el nudo de mis pies descalzos
Pinto el sendero con gotas en flor
Espero la muerte
Para esconder el fruto
Alimento al suelo
Que me golpeó

Sin conocer la paz

Mis juguetes son armas
Mis amigos, enemigos de juego
Los sueños detrás de la pared
Se derrumban, se impactan
Se desvanecen

Mis mañanas tienen el ruido de la guerra
El grito del dolor
Escudos vivos
En refugios sin calor
Sin madres

El vacío enmudece la piel
El tiempo queda atrapado
en el combate
Que cesa y no cesa
Que no ha cesado

La oscuridad en los cielos
Respira el aroma del misil
Un niño cae
Mi enemigo en juegos se apaga
Sin conocer la paz

Te convierto en poesía

Mis labios no saborean tus malicias
Resecos, sedientos
Entre grietas y en ausencia del beso
Susurran tu nombre
Para ahogar en gritos la impaciencia
En mis ojos vacíos de tu silueta
no habita la vida
se desangran los sueños
los desvelos descansan en soledad
Cuerpo inerte, plano
Golpeado por la esperanza
Se colorea el rostro
Para robarle la palidez al abandono
Hueco el pecho vacía la abundancia
Echados del paraíso
Obligados, en distancia
Sin aroma
Sin reflejo
Respirando rebeldía

VIDA ASÍ NO LA QUIERO
Muero cada día
desnudo mis pedazos
Los visto de poesía

DENISSE PINO

Nace en Ponce, PR, el 13 de marzo de 1968. Posee un Bachillerato en Humanidades de la Universidad de Puerto Rico, recinto de Río Piedras (Magna Cum Laude; 2001). Su Amor por la poesía comenzó en la adolescencia cuando escribió sus primeros poemas. Vive enamorada de la poesía de Julia de Burgos, Benedetti y Neruda, como de Saramago y Frida Khalo. Disfruta de participar en eventos culturales, poéticos y literarios, especialmente los de micrófono abierto.

Ha tomado talleres de poesía con Hamid Galib, Coquí Santaliz en la UPR, Pedro Mairal de poesía erótica en el Festival de la Palabra y un taller de narrativa con Rubis Marilia Camacho. Se encuentra en el proceso de publicar su primer poemario.

Divertimento II

Denisse Pino- Divertimento II

Desvelada

El velo ha sido descubierto
y te veo tal cual eres.
Veo tu nariz, ojos y dientes como exactamente son.
Te huelo, respiro y siento sin temor
y aunque parezca inaudito el pensar que lo esperaba,
me desconcierto,
me cuestiono…

Y yo misma rompo
todas las caretas
que te imaginé.
Destruyo las ilusiones que te mantenían lejos.
Puedo verme en el espejo de tu franqueza.
Tu mito ha sido burlado
y el misterio tomó otra dimensión.

Me asomo ante el abismo donde habita un nuevo espíritu.
Tu metáfora y la mía se alientan en el infinito del presente
nuestro.

Eres exactamente como eres…. aunque yo no sea aquello por
lo que te seguía.
Mis ojos están abiertos para escuchar lo que no dices,
porque yo escucho lo que no había visto antes de imaginarte

Inevitablemente mis sentidos se fueron a la huelga
para que me crezcas por adentro y así desaparezcas.

En mi universo de horas

En mi universo de horas
tu reloj secuestró mis segundos con tu presencia
y en tu ausencia,
las horas aladas me miran
a lo lejos
nombrando nostalgias,
ilusiones fallidas,
besos inconclusos.
Entre el eco y el viento
se fueron tus manos.
Del ocaso
a la promesa del alba
partieron tus labios.
Y al borde de tu partida,
en el precipicio
inconcebible de tu mirada,
en la inaccesible
caricia de brazos,
en la inagotable miel
de tus palabras,
en la imperturbable
sonrisa que te acorrala,
en ese tiempo de
absurda espera,
en esas musas que
invaden los espacios ,
en todo eso y más

Denisse Pino- Divertimento II

estuve un instante,
perturbación inevitable,
serenidad de este
ahora impostergable.

Disidente

Soy la disidente amante
que se enfrenta al desatino
y cruel mordaza.

Soy la que te ama
sin consenso, sin reserva
y sin proclama.

Soy esa anónima mujer
que por tu caricia
se derrite y se hace flama.

Soy rebelde y no consiento
estatutos y contratos
de lógicas posesiones,
del qué dirán
y las máscaras.

Porque contigo
yo voy y me doy
hasta donde el horizonte
conoce el mar
más no lo alcanza.

Denisse Pino- Divertimento II

Soy tu paradigma
de pasión desmesurada,
la razón que te obnubila,
la entrega de lo incierto,
la verdad más contundente
y descarada.

Poema del hastío

La tarde trae horas cansadas
y las paredes escurren tormentos de sueños destrozados.
Mis manos entumecidas por la apatía que se enrosca en mis
nudillos,
Mis brazos como banderas en duelo varados por la gravedad
del hastío,
el hastío que se infiltra en mis optimismos más vigorosos.
Las muecas que visten mi sonrisa le hacen eco a las arrugas
que me florecen como espinas.
Mi nariz es hoyo negro inmundo recogiendo polvo de
estrellas muertas.
Y en mis ojos...
hay espejismos y niebla
y hasta mis lágrimas han sido desterradas al desierto
de amores olvidados.
Pesadumbre trae este segundo
de pereza invadiendo hasta los huesos y la sangre
de desgano y desvarío.

Ansias

Estas ansias locas de volcarme en la piel hambrienta de un
ser con la energía de un tiburón y la lengua de un perro.
Esta mente de remolino dando vueltas y vueltas por todas
las estaciones de mis nervios...
Estas manos que navegan sin rumbo buscando el horizonte
de sus ojos, anclando en los puertos de su vientre.
Estas energías que se me escurren entre las letras
desparramadas de historias sin protagonista.
Estos latidos ahuyentando a los pusilánimes escasos de
conexiones cardíacas .
Estos pies que brincan y corren pero deambulan
pesados por sendas estériles y pedregosas.
Estos sueños que se pierden en nubes de viento.
Este coraje que no tengo para despedazarme la osadía de
seguir creyendo.
Esta sencilla razón y voluntad de amar sin ser amada que me
destruye y me reinventa...

Divertimento II

*"Mi filosofía es: si no puedes divertirte,
no hay sentido en hacerlo."*
Paul Walker

Divertimento II

HÉCTOR "CHÈ" CRUZ-LÓPEZ

Héctor "Chè" Cruz-López es natural de Vieques. Cursó estudios y obtuvo grados académicos en el Conservatorio de Música de Puerto Rico, la Universidad de Puerto Rico, State University of New York y University of South Florida, donde obtuvo su doctorado en Ciencias Marinas. Su poesía es primordialmente influenciada por el mar, lugar donde se crió y donde se desenvuelve profesionalmente como oceanógrafo. Sus publicaciones incluyen un poemario, *Donde Naufragan los Versos* (Casa de los Poetas Editores), y poemas en varias antologías en español, inglés y portugués. Además de poesía, ha escrito cuentos y arreglos musicales para trompeta acompañada de piano y orquesta y piezas artísticas donde combina la poesía, la música y las artes pictóricas.

Divertimento II

Aritmética

ecuaciones
algoritmos
igualdades y similitudes

el discernimiento de los tiempos
reducido a cálculos incomprensibles
notaciones algebraicas que pretenden
describir las emociones
pretensiones críticas y exactas
de lo que dice sentir el corazón

en el lugar donde reside la ciencia
no germina la existencia

en la abundancia del conocimiento
hay ausencia de ternura entre los sentimientos

Impresionismo

coloratura
sonido
textura
apatía temática
pinceladas arrogantes

el canto de un pájaro extraviado
alumbrando el paisaje con su plumaje disonante
sobrevolando la jungla de colores
que despinta las nubes
ante el umbral del día que comienza a las 11 y termina a las 2

la luz del sol ilumina sin resplandecer ni dar calor
desolados rayos se desplazan como pinceladas sin designio
incapaces de pintar o despintar las sombras de la
inexistencia
recalcitrante jornada hacia la nada

olas, fijas en el tiempo y el espacio
irrumpen en las riberas de un isla
que flota entre fragancias de capullos aun sin florecer
sin producir cacofonías
ni estruendos

ni resuenas
silencio

comienza el atardecer
con su inútil crepúsculo
se arrastra el astro sol de su cenit
hasta el horizonte donde se oculta de la noche
incapaz de llevarse el resplandor añil oscuro de la bóveda
celeste
dejando atrás colores que no puede arrancarle al sereno
nocturno
manchado por la luna amarillenta y la opacidad de las
estrellas
texturas tenebrosas que se despliegan
como capullos a la hora del amanecer

el tiempo se detiene
los vientos encuentran calma
en el umbral del nuevo día
la indiferente temática cautiva los sentidos
la tranquilidad pictórica se transforma
en los encantos del ardor que arrulla el alma

coloración conclusa
silencio
contextura
obstinada intransigencia
boceto para un nuevo amanecer

Descubrimiento #3

en una mesa de trabajo
se derraman de entre las ciencias
filosofías sin paciencia

se disipa la ignorancia
ante la luz de los descubrimientos
revelados por sus resultados
telúrico analfabetismo
disuelto en los experimentos
los hallazgos y revelaciones de la ciencia
el dogmatismo de encuentros del mundo natural
se mezcla con lo que oculta la falta de razonamiento
develando un mundo nuevo
razones para liberar lo incógnito

formulas
comprobaciones
demostraciones
nuevas evidencias
portal de nuevas sendas
regeneran la definición de la existencia

Transparencia

las aguas de la mar
claras
transparentes
cristalinas
translucientes como el alma del que flota a la deriva
a la merced de las corrientes y mareas
de quien se entrega y se somete
a los caprichos de las olas
hasta llegar a las riberas que vislumbra el nuevo día
que acogen y dan refugio al náufrago perdido
entre sus playas y arenales de serenidad

Regalo azul

te regalo el azul del cielo
para que pintes el celaje de tu despertar
tus propias nubes, nubarrones
tu tempestad sobre la calma
sosiego y paz tras la tormenta
las estrellas en la noche
y aun la luna cuando alumbra el día

te regalo el azul del mar
para que pintes horizontes
rumbos olvidados
las corrientes y las olas que te lleven
a descubrir nuevas fronteras
tras la extensión de la distancia

te obsequio el azul de mis ensueños
para que pintes tu pasión con tus caricias
para que opaques con tus besos
el olvido de un pasado tenebroso
para que borres con tu ardor
la inmensidad de un mar de indiferencias
para que hilvanes arranques de ternura
con el diseño magistral
de pinceladas de caricias

y de profundas efusiones

te confiero el azul del cielo
el del mar
el de mis sueños
el lienzo de las quimeras de mi corazón
para que pintes esperanzas en mis ilusiones

Divertimento II

 *"La poesía nace del dolor. La alegría es un fin en sí misma."*

Jorge Luis Borges

Divertimento II

NATALIE ANN MARTÍNEZ VALLES

Nació el 3 de octubre de 1990, en Guayama, Puerto Rico. Poeta, artesana y cuentista. Desde muy joven se empezó a interesar por las artes, como el dibujo, el canto y la escritura; talentos que la han hecho una persona de gran sensibilidad y con gran estima al arte en todos sus aspectos. En su formación universitaria, perteneció al Círculo Literario "Esencia y Palabra", de la Universidad de Puerto Rico, Recinto de Ponce.

Es miembro activo de la Liga de Poetas del Sur y de su Colectivo Editorial. Actualmente, estudia un Bachillerato en la Universidad Interamericana, Recinto de Guayama. En los certámenes literarios de esta universidad, ha ganado premios en el género de cuento. Sus trabajos aparecen en La *Primera Antología de la Liga de Poetas del Sur*, La Antología de Cuentos, *Sueños del Cajón* y La Antología Internacional *Alma*

Divertimento II

y *Corazón en Letras*. Además ya publicó su primer poemario titulado *El Espíritu en las Mariposas*. Pronto se publicará su segundo poemario, *Infinita Nocte*.

Mujer Guerra

Hoy abriré las puertas de mi alma
seré el espíritu libre en andanzas
caminaré por senderos descalza
despertaré a mi ave callada.

Ya no seré la sumisa sentada
seré el grito que nace al alba
no seré súplica arrodillada
si he de morir lo haré parada.

Y es que esta vida se agita en mi centro
pide ahora que sea instrumento
de conciencia, de fuerza y de fuego
mujer que lucha y ya no siente miedo.

Que se levanta, que grita con ira
no más violencia, engaños, desprecio
ya no seré tratada como objeto
soy mujer vida y reclamo mi derecho.

Esclava

Soy esclava de tus decisiones
estoy atada
siendo pisoteada por tus errores.

Mírame, mírame a la cara
y dime ¿Por qué?
porque con una sonrisa me condenas.
Observa mis cadenas
mis manos están atadas,
 mi voz ha sido silenciada
y tú no haces nada.

Es más, eres partícipe de mi terror
y lo más triste, no es que yo sufra
es que mi dolor es tu dolor
porque yo soy tú y tú eres yo.

Cuándo te darás cuenta
que mis encantos
los has destruido
con tus propias manos.
Cuándo mirarás al cielo
y despertarás de aquel sueño…

No, no te rías
porque la verdad
es que vives en una nube
que está próxima a la amenaza
y las lluvias serán inevitables
mientras sigues confiando
que el sol saldrá.

Te equivocas hijo mío,
te equivocas, porque la nube
no es la realidad
y si no despiertas pronto
la desgracia sobre ti caerá.

No me des la espalda
y no sigas fingiendo que no me conoces
cuando sabes muy bien quien soy,
soy tu madre,
soy tu amante,
soy lo único que tienes,
yo soy Puerto Rico.

Huella

Veo el agua arropar la arena
y llevarse mis huellas
como si el peso de mi cuerpo desapareciera
de la superficie de esta tierra.

Desaparezco y reaparezco
en cada nueva pisada
y me pregunto si dos pasos atrás
había en mis pisadas
un suspiro de vida
que en presencia de la ola
se entregó al suicidio
de su breve existencia.

Y luego me detengo.
Retengo la pisada bajo mi pie.
El agua salada me hunde en su va y ven.
Y ya no hay huella que se detenga
a observar su fin y abrasarse a ella.

Quiero ver qué vida saldrá
ahora de debajo de mi pie.
Quién ahora en mi suspiro perdido me librará

de mis pensamientos en ellos sostenidos.
Esos que me mantendrán lejos
de mi mirada perdida en el firmamento
del mar.

Saco mi pie inundado en la arena
y allí se introduce el agua.
Se levanta sin huella
y un terror recorre mi mente
ante la muerte repentina de quien no nació.

Abandono el extraño juego
intento no pensar y es que temo
lo que pueda ocurrir ahora.
Qué nuevo pequeño universo
abriré a este mundo y mataré al instante.
Qué nueva tristeza se apoderará de mi mente
o qué vacío real y tangente me detendrá en la orilla.
Llenará mis sentimientos oscuros
y me hará perderme en los ojos
hipnóticos del amanecer reflejado.

Tal vez, abriré mis brazos a la sirena
que me invita a bañarme y jugar con ella
y en mis pasos perdidos
sin pequeños suspiros de vida
que contengan mi atención

Natalie Ann Martínez Valles- Divertimento II

me entregaré al beso del mar,
respiraré su agua
y en la magnificencia de la magia
que me invita en su misterio
me convierta en parte de su encanto.
Sin esta oscuridad de sentimientos,
sin anhelos de volver al mundo
del cual huyo
pueda entonces ser libre.

Otras calles

Las calles de mi pueblo han
perdido hoy su encanto.
El ayer se ha acabado
y el hoy, se ha llevado
el olor de los verdes campos.

Hoy solo se siente la brisa amarga
cargada de contaminantes,
ya los caminantes no son los de antes
no se detienen a ver su pueblo
andan con prisa, y el miedo adelante.

La noche se vuelve silencio,
los edificios están muy desolados
han sido abandonados
solo los adorna, el hollín de los carros.

En mi Plaza se mezcla un ayer con hoy
que no todos contemplan
porque no sienten su clamor.
En las copas de los arboles
braman las hojas
pidiendo que aunque sea un momento
el tiempo se detenga
y que alguien se dé cuenta

Natalie Ann Martínez Valles- Divertimento II

que el pasado también llora
por el presente tan lleno
de deshonra.

Y es que su gente
se ha perdido en el pasar de las horas,
sin cultura que los engrandezca
sin un vínculo que los detenga
y solo se queda atrás
un país sin historia
en el pueblo fantasma
que aguarda en la callada calma
por alguien que lo rescate
de su soledad tan sobria
tan llena de destruida añoranza.

Divertimento II

NIXALIZ LÓPEZ PADILLA

Nació el 2 de mayo de 1986 en Guayama PR, aunque reside en el municipio de Salinas.
Escribe desde muy temprana edad. Ganó primer lugar nivel Isla e Islas Vírgenes en la Convocatoria de Cuento Corto de La Pontificia Universidad Católica de PR recinto de Ponce, de donde también fue estudiante. Pertenece a los colectivos Circulo Literario Antonio Ferrer Atilano y Liga de Poetas de Sur. Publicó su primer libro en el año 2014 titulado *Las Grietas de mi Sonrisa,* poemario que contiene alrededor de 54 poemas, algunos de ellos escritos hace más de 10 años. Actualmente participa de un programa radial por internet llamado "*The Marky Marcano Show*" con dos segmentos, uno de ellos llamado "*Poesías al día con Nixaliz*". Publica semanalmente su poesía en su blog poético en youtube.com,

Divertimento II

My Fountain Pen, página social en Facebook y su página oficial como escritora Nixaliz Oficial. Todas contienen información de eventos y su material poético para el disfrute de quienes visitan estas redes sociales. Apasionada como es de las artes, también es integrante de dos grupos de baile, *BlackJack Dancers* y *The New Saga Stars*.

La Fuente

Ven acércate,
olvida la cordura,
bebe agua de la fuente
acepta la locura.

Saborea su ironía
tan deliciosa, tan turbia,
en su refrescante verso
está la cura,
que te alivia las heridas
que la vida te causó.

Tómala,
tómala y vívela,
báñate en su pecado,
limpia la impureza de tus manos,
limpia tu alma
venenosa, vanidosa,
podrida y ruin.

Convierte el agua de ésta fuente
en tu nuevo santuario...
Conocerás la razón
del silencio de quienes la probaron.

Yo Soy Mala.

Yo soy mala,
soy mala porque merezco serlo,
porque no cabe humildad
en mi maltrecho corazón.

Porque disfruto arrancar
de tus flores los más sanos pétalos
y acostar tu pobre alma
en camas de espinas.

Yo soy mala.
Soy mala porque merezco serlo.
Porque disfruto lavar mis pies
en baldes que acumulan tus lágrimas,
porque tu corazón
no me llega a los talones.

Yo soy mala, simplemente lo soy.
Porque cuando ruges de angustia
reclamando mi atención
prefiero repetitivamente
humillar tus intentos
y comer a sangre fría
tus gritos de clemencia.

Yo nací y crecí siendo mala,
hostil, seca, fría, loca, desquiciada.

Pero tú eres bueno
por no aceptar quien soy,
por querer inyectarme algún mediocre remedio
por simplemente no entender
que no consigues resultados diferentes
repitiendo el mismo experimento.

Yo me quedaré mala.
Seguiré siendo hija de la crueldad,
hija de una sombra,
que me repite hasta el cansancio
que para remediar lo que soy
tengo que buscar la muerte
de mi mismísima esencia.

Cuando deje de ser mala
me extrañarán,
y ese maldito deseo
de verme de nuevo te recordará
que mi maldad era un espejismo
y realmente el malo eras tú.

Ojos míos

Ojos míos,
no me delaten con el mundo
no lo hagan,
no observen viejos trucos
no lo hagan.

Pierdan el deseo
de encontrar otra mirada, piérdanlo.

No me defrauden, no lo hagan,
no me obliguen a arrancarles de mi ser.

Ustedes son puertas abiertas
que invitan al dolor,
invitan al peligro,
invitan a perder lo que nunca he tenido.

No me defrauden ojos míos
no miren al dueño de mis sueños
otro par de ojos
son la llama de mi credo.

Bésame

Besa mi punto de vista,
mis circunstancias,
mis razones.

Rescata mi luna llena perdida
en su abrupto escape
de las manos
de mis amaneceres.

Confía que,
aunque vague mi mente perdida,
mi bien intencionado corazón
te sigue queriendo.

¿Por qué querer resaltar
la agonía de una estrella apagada
cuando el firmamento brilla más hermoso
que el mismo sol?

Besa mis angustias,
y solo calla,
aún perdida en mí misma,
guardo como tesoro
tu inmenso corazón.

Esta Noche

Esta noche señoras y señores
deseo coquetear con el peligro,
morder una manzana prohibida,
echarle polvos mágicos al té,
maquillar mis pómulos con ironías
aumentar la talla de mis pechos.

En esta mágica noche señoras y señores,
quiero llevar una gargantilla de ideas en mi cuello
para que los ladrones rocen con sus dedos
mi morboso deseo de que me roben el aliento.

Me propongo esta noche señoras y señores,
no perfumar vergüenza entre mis piernas,
y bailar todita la noche
con la idea de perfeccionar el ritmo,
aquel ritmo que... bueno ustedes saben cuál...

Quiero que me lean las cartas,
llenar mis ovarios de alcohol,
cantar desafinada una canción,
despertar en la cama de un extraño,
oler a sexo y tabaco,
romper en pedazos la fe de una monja,
hacer caer al suelo la paz de un cura,
echar sal a tus sueños de miel.

Ésta noche señoras y señores
rozaré mis dedos en el suelo azufre
lameré su amargo sabor,
y por primera vez en mi vida
dormiré tranquila.

Divertimento II

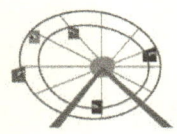 *"La diversión mental es fundamental."*

Dustin Hoffman

 **MARICELLY CRUZ**

Maricelly Cruz nació en Ponce, PR en 1981. En el 2009 recibió su diploma de BA en Trabajo Social en la Universidad del Este en Santa Isabel. Ejerció su práctica de Trabajo Social en lo que fue el Centro de Salud Mental en el pueblo de Coamo, PR.

Es amante de la lectura y escritora de cuentos y poesías. Comenzó a escribir cuentos infantiles especialmente para su hijo y se deleita en compartirlos con los niños del jardín de infantes. Además, disfruta de aventuras al aire libre y compartir en familia.

En el año 2011 fundó un grupo de apoyo para el manejo de la Depresión llamado Escalando Hacia la Vida, donde brindó sus servicios durante un año en el centro y en ferias de salud y servicios en Residenciales Públicos. Durante el mismo, se beneficiaron participantes de Santa Isabel y pueblos limítrofes reuniéndose en el Centro Comunal Las Flores de Coamo. Trabaja como *Field Technician R&D III* en

Divertimento II

una compañía internacional de ciencias agrícolas, donde además de ejercer la función de supervisión, crea y lleva a cabo talleres sobre liderazgo efectivo.

Cuando te miro

Cuando te miro, veo tu ser,
tu ser cubierto por piel

Cuando te miro, veo tus ojos brillantes llenos de amor,
cubiertos por una gran nube de temor

Cuando te miro, veo que tu cuerpo quiere vivir más
de lo que te puedo dar yo

Cuando te miro, veo tu corazón
que reboza de vida,
como escudo evitando el dolor por amor

Cuando te miro, veo un ser refugiándose en el placer de un amanecer
Evitando el querer por miedo a perder
todo lo que el mundo puede ofrecer

Cuando te miro, veo tu futuro cuerpo decrépito observando
la ausencia de aquella mujer
que te llenó de placer y
aquella que te amaba con todo su ser
y que alguna vez llamaste mi esposa, mi mujer

Así veo, cómo se te va la vida
sin tener idea de cuánto te amo yo

Maricelly Cruz -Divertimento II

Cuando cierro los ojos...soy feliz

¿Qué es menos peor,
vivir con los ojos cerrados o
con los ojos abiertos?

Si cuando cierro los ojos
la amargura no me atrapa
cuando los abro
me pregunto si hay esperanza

Si cuando cierro los ojos
puedo apreciar el alma noble,
aquella que es transparente e inocente
Pero cuando los abro
veo injusticias, odio, ambición, división, pobreza
y aquello que es pestilente

Si cuando cierro los ojos veo
justicia, amor, bondad, paz, unión y riqueza

¿Cómo puedo hacer
para abrir los ojos
con la razón y
no con el corazón?

Maricelly Cruz - Divertimento II

¿Cómo puedo hacer
para que la amargura
no me atrape y al final,
el mal no me sonsaque?

Sí… Cuando cierro los ojos…soy feliz…

Pero ¿cómo podré socorrer a un inocente,
si no lo veo?
¿Cómo podré amar
si no conozco el odio?
Pero ¿cómo podré compartir
si no conozco la ambición de ganar?

¿Cómo podré regocijarme en la paz
y luchar por la unión
cuando no conozco la guerra
y mucho menos la división?

¡Si la pobreza de espíritu es peor que
cualquier pobreza!

Entonces,
¿Qué es menos peor,
vivir con los ojos cerrados o
con los ojos abiertos?

No necesitas ser enmendado

Hombre. No necesitas ser enmendado
Permíteme conocerte y suelta tus brazos
Brazos cruzados de armazón
Amado protector, amado proveedor

Hombre. Cada paso que das, está cargado de firmeza y valor.
No protejas tanto tu corazón
Permíteme tocarlo y ser parte de tu guerra feroz.

¿Sabes?
Cada acción
Vale por mil, en mi corazón

Tus manos de artesano son testigos de tu rudeza
Libera tu corazón, hombre amado
Permíteme sanar tus heridas

Te espero con los brazos extendidos
Y con un plato caliente, abundante y nutritivo

Hombre. Tu sonrisa es un bálsamo para mi entero ser
Los pliegues que se dibujan cerca de tus ojos
Son testigos del paso del tiempo y madurez

Maricelly Cruz - Divertimento II

Hombre querido.
Hombre protegido por brazos cruzados de armazón.
Protegiendo el corazón de algún otro dolor.

Deseo acariciar tu corazón con mis manos
Sanar cada herida que te ha regalado tu dura vida.
Hombre. Eres perfectamente imperfecto.
No necesitas ser enmendado.

Querida *tablet*

Esta carta le escribo
A quien con siempre he crecido
A mi amada Biblioteca
Donde me he amanecido
He llorado y he reído

Alrededor de ti
He aprendido a vivir
He conocido tierras que en realidad nunca vi
He vivido sueños que sin ti, tal vez jamás soñaría

Amadas culturas
Diversidad de formas de pensar
Diversidad de formas de actuar
Diversidad de formas de sentir
En fin, según tu paladar
Diversidad de formas de saborear y percibir

Amada Librería...
No tienes idea de cuánto amo el olor de tus páginas
Cuanto extraño la adrenalina que me arropaba
Cuando me acercaba a tu altar
Por donde no podía pasar, tan solo a saludar

Maricelly Cruz - Divertimento II

A otras, he visitado
Pero a una como tú
Jamás la he hallado

Mientras rebusco entre *Amazon* y *Ebay*, libros de papel
Ante una pantalla insípida que solo me permite ver,
No acariciar ni saborear para saber
Si me dará o no, algo de placer

Frente al correo espero con ansias tu llegada
Para ver si realmente eres de mí agrado
O eres lo que tanto había anhelado

En fin, tengo que aceptarlo
Estamos en otra era
Ahora mi *table*t me espera
Cargada de *e-books* que puedo comprar
Con tan solo un pestañear

Querida *tablet*…
Debo confesarte algo
"Nunca te busqué"
Simplemente llegaste a mis manos
Por las manos de mi amado

Poco a poco he aprendido a quererte,

Maricelly Cruz -Divertimento II

Conocerte y entenderte
Pero no ha sido fácil...querida *tablet*

Cuando te calientas en mis manos
Hueles a plástico quemado
Cuando más emocionada estoy
Te apagas, sin importarte por donde voy;
Eso sin contar las veces que te *frisas*
Y en serio, contra el piso me dan ganas de hacerte trizas

Pero vuelvo y te miro, suspiro
Y recuerdo que también tienes otros objetivos
Y en algún momento me has servido

Querida *tablet*...
Tengo que ser sincera contigo
Cuando se acaben los libros de papel
Y solo quedes tú para darme ese placer
Te prometo que no te voy a soltar,
Conmigo a todos lados te voy a llevar
Y tal vez, tal vez
Algún día te comience a amar

Un solo mundo

Maldita división, malditas fronteras.
Pisa mi isla y yo pisaré tus tierras
¿Es solo un mundo?
Maldita división, racismo y guerras.

Mujer de otra tierra.
Te explotan.
En secreto te esterilizan
Y te roban la dicha.

¡Tú y yo somos iguales!
 ¡Somos iguales!

A ti, el de pestañas blancas como la nieve
Te abandonan, huyen de ti sin conocerte
Cuando se acerca un brujo es para romperte y cocerte
Hermosura que hay en ti
Luchas, sufres por vivir

A ti africana, sangre de mi sandungueo
Desconoces el placer de desear
Desconoces el placer de sentir
Cuánto daría por regalarte un poco de mí
Para que al menos por un día conozcas lo que es vivir

A ti, que no puedes ver
Permíteme ser tus ojos

Maricelly Cruz -Divertimento II

Permíteme leer para ti
Contarte lo que veo, a través de mis ojos
Veas y sientas todo lo que vive alrededor de ti y de mí

A ti, el que no puede caminar
Ojala fuera yo tan fuerte como Hércules para cargarte a mis espaldas,
Llevarte a recorrer el mundo
Saltar para hacerte saltar

A ti, flaquito y a ti el gordito
Blanquito, negrito
Si supieras que te veo de lo más bonito

A ti, sabes quién eres,
No te juzgo porque no te entiendo
No te odio, ni protesto
Solo entiendo que eres un ser humano
Como todo el resto

A ti embarazada, te ves hermosa
Eres bendecida
Eres más de una vida, una maravilla
Hasta el pelo te brilla
Y en cuanto a tu piel, créeme que luce reluciente
¡Es un privilegio verte!

¡Ojalá algún día vivamos en un solo mundo

Divertimento II

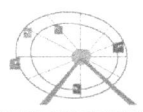

JOSÉ G. SANTOS VEGA

Poeta perteneciente a la Liga de Poetas del Sur desde el 2010. A temprana edad, su madre, Margarita Vega Rodríguez, trovadora de décimas y aguinaldos de nuestra música típica, le presenta el mundo literario con los libros que le lleva de la Biblioteca Pública de Guayama. De su padre, Juan Miguel Ángel Santos Yeyé, hereda el gusto musical por el bolero, la bohemia y la contemplación de la noche en el balcón familiar. Así va forjando un espíritu ávido por el conocimiento y la cultura que le llevan a estudiar Humanidades, concentración en Historia en la Universidad de Puerto Rico en Cayey de donde se gradúa en el 1992. Luego su amor primario por los libros y la investigación le conducen hasta la Universidad de Puerto Rico, Recinto de Río Piedras y obtiene el título de Maestría en Ciencias Bibliotecarias e Información. Lector voraz de la poesía de Roberto Juarroz, Juan Gelman, Mario Benedetti, Oliverio Girondo, Juan Ramón Jiménez, Jaime Sabines, Fernando Pessoa entre otros, en narrativa es asiduo a Italo Calvino, Herman Hesse, Erasmo de Rotterdam, Franz Kafka, Augusto Monterroso, Ana María Shua, Eduardo

Divertimento II

Galeano, Clarice Lispector, Susan Sontag y filosofías orientales como el taoísmo y el budismo zen.

En el 2014 publica su primer poemario *El Libro de las Olas*, en el cual trabaja la poesía japonesa conocida como haiku, de (3) tres versos, distribuidos en 5/7/5 para un total de 17 sílabas. El sábado 25 de abril presentó dicho poemario en el restaurante 100 x 35 en Guayama. El microcuento, microrrelato o minificción, comoquiera se les nombre o intente, es otra de sus pasiones literarias como lector y escritor. De profesión bibliotecario, la cual ejerce desde el 1996.

8.1, 1.8

> *"tres pasos al fondo, entre mis dedos la rosa rozada."*
>
> *Eladio Contreras Bermúdez*

y esa tersura turgente
latidos rosados pezones
a hierba fresca,
paja de fuego trenzada
soga, caricia serpiente, salamandra
alondra, poema de ti,
cantas,
me encantan tus palabras
como salidas de una palma
como el instante de un colado café,
calienta la gota
como hablan las aves
vuelas tan liviana.

Tres Pasos

tomo descanso
así como medito
a paso lento.

entre latidos
medito la sílaba
de cada rezo.

hacia ti van mis
pasos tan decididos,
entro por tus pies.

Al Fondo

en cada punta
de mis dedos mucha luz
de polvo negro,
al fondo de las letras
una lámpara.

Entre Mis Dedos

sábado en sombras
impávido pabilo
al caer la noche
entre mis dedos letras,
como destellos de luz.

entre dos dedos
la letra en su tinta
embrión, hembra
corre, va mojándose
en sus versos pezones.

y la letra va
gozando con mis dedos
elevándose
entre nubes, estrellas,
revienta como rosa.

La Rosa Rozada

de luz teñida
la ola blanca espuma
concha salada
entre perlas doradas,
una rosa rozada.

Divertimento II

"La vida es más divertida de lo que pensábamos."

Andrew Lang

Divertimento II

 **NORA CRUZ**

Nace en Guayama el 19 de febrero del 1947.
Poeta, dramaturga, cuentista. Recordada en el sistema educativo por el desarrollo de proyectos culturales en las áreas del teatro, música y bailes folklóricos los que llevó a escuelas, comunidades y recintos universitarios. Su trabajo como gestora cultural, es reconocido por alianzas y movimientos culturales en República Dominicana, Venezuela, Colombia y Perú. En el 2009 fundó el movimiento literario La Liga de Poetas del Sur. Posee una maestría en gestión e investigación cultural de la Universidad de Puerto Rico.
Tiene ocho publicaciones bajo el Sello del Colectivo editorial de la Liga de Poetas del Sur.
Poemarios:

Divertimento II

Gritos silentes de mi Patria y de mi Pueblo
A la Luz del pabilo humeante
Verso y tambó
Amaneceres a luz de tus ojos, Vieques liberada
Cuento infantil:
Marimar la olita aventurera
Una antología de cuentos: *Entretelas del Viejo cajón*
Cuento, novela y poemario en torno al personaje de Sofía:
En busca de la mentirosa verdad
Antología: *Epítome*
Recuentos de los eventos culturales en República Dominicana:
Desde el corazón de una puertorriqueña

Actualmente trabaja en la publicación de sus obras teatrales y otros trabajos literarios dedicados a la niñez.

Mi grito inicial

Grito y tal parece nadie me escucha
¿Será qué con tantos ruidos mi voz se apaga?
Sigo y seguiré gritando por los que callan
Mi pueblo sufre
En diez años comenzará a morir
Ya no existe un rincón más para esparcir las malditas cenizas de carbón
Mi pueblo sufre
Las muchas fábricas siguen desparramando sus toxinas
Mi pueblo sufre
Nos cierran las escuelas de las comunidades marginadas
Sin dar la oportunidad a escuchar el quejido del niño
La nación calla, no sabe cómo levantar su queja
Mientras…se siente una pena interna que no me permite callar
Decido gritar por los mudos de mi gente
Tal vez hoy mi grito sea silente y no se deje escuchar
Yo espero, grito y espero
Algún día se sentirán

¡Gracias poetas!

Leí sus secretos y entendí los míos
Alcé aplausos de paloma viajera
Lloré soledades profundas de quimeras
Humanicé mis sentidos muertos a tanto dolor
Entendí por qué soy loca y extendí mi locura
Si no hay inmortalidad y solo sale amargura
Satisfecha está mi alma
Encontré almas gemelas a la mía

Unos lloraron por la patria quitada
Otros regalan besos a las almas amadas
Otros le hablan a Soledad como a una hermana
Otros revelan pasiones que no elevo a tocar
Todos son poetas
Locos sentimentales que no saben hablar
Solo cantan a la vida
Solo cantan a la Tierra
Solo cantan a Dios

Son poetas, son mis voces
Son poetas que me gritan como el buey muge
Si no muges embiste, lucha, no se rinde
Hoy en este aparte de mi vida en que un nuevo rumbo voy a tomar

Nora Cruz-Divertimento II

Canto y suspiro este lenguaje de amor
Grito de forma silente, enjaulada en prisión elegida

Quiero ser loca de palabras dolidas
Quiero ser loca de palabras encendidas
Quiero gritar versos vivos aunque muera
Quiero que noten que mis versos dicen
¡No voy a morir!

Musa en éxtasis

Musa que te enciendes cuando hay tema de qué hablar
Lluvias rompen los silencios del corazón pensante
Las auroras y amaneceres respiran a dura voz
Con todo su esplendor le gritan a cada oído
Que todo tiene sentido y todo tiene su entrega

¡Musa, esta es tu noche, escoge tú el lugar!
Escoge las metáforas y símiles que acompañaran tus cantos
¡Nubes espesas, levanten alto!
¡Que se descubra el telón!

No es una rara función ni es tan solo un divagar
No es un tonto pensar por cada minuto que pasa
Es Musa que derrama su sabor y su textura
Describiendo lo sencillo con exquisito manjar
Con palabras cadenciosas, silentes, hermosas
Que no todos saben escuchar

Se necesitan oídos nocturnos para esta fiesta poética
Así entonarán la misma canción que yo
Besaremos a Musa que hizo posible este viaje
Entregaremos equipaje a quien lo quiera tomar
Para seguir la ruta poética sin descansar

Locura psíquica

Las cucarachas suenan en la pared
Van a comer mi piel
Cucarachas bochincheras
¡Métanse en sus trincheras!

No son cucarachas, son seres
Son sonidos de pared
Duermo
Canto
Inconsciente queda mi piel

Grito sin control y sin saber por qué
Fría piel
Niña fría piel
¡Te mato si gritas!
¡Yo grito!
 ¡Calla tú!
Duerme, canta miente mi amor
No es amor, es seca piel
Temblor, taquicardia sonada
Duermo, canto, hablo con Dios
Paz
Grito
Golpeo
Paz
Ardo
Soy paz

Te pregunto

¿Quién dice que no hay poesía en un árbol caído?
¿Con qué derecho afirmas que si la palmera dobla su tronco es porque está vencida?
¿Cómo te atreves a decir que el girasol es codependiente del sol?
¿Cuál es tu prisa en afirmar que un tsunami puede destruirlo todo?
¿Por qué la insistencia en ver que Madre Naturaleza es una sometida a los golpes de la raza humana?
¿Para qué tu empeño en no creer en Dios si aunque lo niegues Él está en ti?
¿Cuándo fue la última vez que besaste el ala de un gorrión herido?
-Te contesto y me respondo
¡Claro que existe poesía en un árbol caído!, si ese soy yo y eres tú
Y en dualidad nos podemos doler juntos
La palmera dobla su tronco en alabanza a Dios
No hay co dependencia entre el sol y el girasol… lo que existe entre ellos es pasión
Tienes prisa de que acabe todo para no tener más… siempre habrá
Madre Naturaleza no es sometida ni rebelde,
ni compulsiva ni rencorosa,

Ella es, Madre
Madre Amorosa que pare constantemente aunque le
arranquen su matriz
No la respetamos…

Y en cuanto a Dios… a mí solo me importa lo que siento
Los demás tienen la misma libertad que yo
Y un secreto… no sé distinguir una paloma,
un pitirre,
una golondrina de un gorrión
Todos tienen alas y aún rotas… han volado más que yo.

Divertimento II

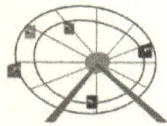
"Sigue tus sueños. Sólo asegúrate de tener diversión."
Chris Brown

VIENTO SERENA

Un dos de abril de mil novecientos sesenta y ocho, mi madre estaba sintiendo dolores de parto en la Clínica Dr. Perea en el pueblo de Mayagüez, en esta isla hermosa que me es por cuna, Puerto Rico. Mi padre estaba muy nervioso ya que era yo la última de sus seis hijos y la primera y única con la mujer que amaba y aun ama en esta esfera.

Estos dos próceres me regalaron una crianza muy hermosa y fructífera, a la vez que me dejaron ser una como cualquier hija de vecino, pues nunca cortaron mis alas. Durante mi infancia no solo fui a la escuela, sino que me dejaron recorrer otras áreas del arte, alimentando así mi deseo innato por la cultura. De esta forma también me enseñaron a amar mi Patria y a defender la tierra que besa mis pies, a decidir por mi misma lo que creo mejor para ella.

Divertimento II

Comencé a leer antes de entrar a la escuela, a escribir desde que comencé a leer. Mi primer cuento lo redacté en el segundo grado, el primer ensayo en cuarto y mi primer libreto en sexto. De ahí en adelante la música, el baile y el teatro fueron mis pasiones, aun cuando nunca dejé de escribir. En décimo grado, llego Julia de Burgos a mi vida y así, la poesía cobro vida en mis brisas, convirtiéndose en lo que es hoy, una de las razones más grandes de mi existir.
Soy hija, esposa, madre, suegra, abuela, hermana, tía, sobrina, nieta, amiga... Soy mujer boricua y hormiguereña de pura cepa. Y como todas esas juntas, tengo sentimientos muy profundos a los que defiendo con el alma.
Amo a quienes me aman y los que no, los bendigo y sigo escribiendo en paz mis metáforas con alas.

Viento Serena- Divertimento II

Lo que sí soy

Es que hace mucho renuncié a la ilusa idea de ser poema
dejé de creerme la musa gris en el tintero de algún poeta
estoy convencida de mi realidad
y no me vale ni una pizca vivir en esta certeza
que prefiero ser la mujer que le quema hasta las briznas a su hombre
a vivir escondida en unas páginas
o muerta en una huella

Hubo un tiempo en el que jugaba a ser la línea oculta en una poesía
alguna metáfora elaborada en un soneto amargo pero con perfectas rimas
Soñaba cual mozuela con ser de algún "Pablo" la "Matilde" de sus días
más hoy vivo sin quebrantos
sabiéndome libre, amada y codiciada por mi fiel vigía

No seré una Isadora, ni una Gala
mucho menos una Frida
nunca me mediré con una Adriana
tampoco seré la sombra de una Sofía
Sin embargo vivo mi existencia en paz conmigo misma
pues soy de mi hombre
la mujer y el amor de su vida

Viento Serena- Divertimento II

Como y cuando

Como cuando encuentro en una tonada esos versos que debí haber escrito
en la piel de tu embeleso
Como cuando me pierdo leyendo una leyenda
en lugar de vivir mi propia odisea y en mi frontera
Como cuando se me aprieta el pecho al escuchar el llanto de mi angustia en la lluvia
Como cuando se abre una herida en mis silencios
al saberme un olvido en la penumbra

Vivo luchando contra los molinos de este infierno
atrapando en mis dedos los tormentos de un secreto
Camino sobre el agobio que se disloca frente al estigma de mi espejo
abriendo mi matriz en dos
liberando los dolores de mis tiempos

Como cuando las golondrinas oscurecen la mirada de mi ninfa
Como cuando se parte un recuerdo en dos
al ver llegar el invierno en un tranvía
Como cuando las caricias dejan de ser el fuego que desmenuza mi camisa
Como cuando no escucho mi nombre en tus besos
sintiendo que muero en un cajón oscuro
y sin deseo

Melancolía, buenos días

Despierta
desde muy temprano sintiendo la nostalgia aferrada a mi mirada
ni los trinos, ni las mariposas
ni los rayos frescos del astro la han podido azorar
ella sigue insistiendo en ser la tierna cadena que me condena
a este sentir

Temprano y ya despierta
es como si la luna todavía mis dedos mordiera
como si la lluvia quemara mis razones y las consumiera
o como si las libélulas hubieran robado de las margaritas el canto de las perlas
este sentimiento se ha fraguado a mi verbo como a mi cuerpo

Y es que la melancolía esta mañana despertó en mi piel
abandonó su penumbra en busca de las luces azules y del sabor de mi café
en el medio de mi alma ha colocado, para sentarse, una silla
parece pensar que estará mucho tiempo en mis días
parece que esta vez será larga su estadía

Viento Serena- Divertimento II

El llanto de mi verso

Un murmullo nace en el dolor de tu silencio
un desespero dormido en las paredes del afanoso olvido
trémula carne esta la que me habita en mi condena
cincelando la mirada fortuita que me dejaste al irte en una tormenta

Arde el recuerdo de tus labios, no esculpidos por mi lengua
duelen las caricias no bruñidas en tu fuerza
quiebra mi ternura la ausencia de tu carne, en mi inocencia
duelen los latidos ciegos de tu extinto amor con displicencia

Quiero desterrarte para siempre de mi pecho
porque te quiero
Quiero olvidar tus canciones con prisa
porque te quiero
Quiero odiar tu avaricia por mi vida
porque te quiero
Quiero soltar estas cadenas que me atan a tu risa
porque te quiero

¡Idiota e ilusa yo vestida de niña en tu sonrisa!
¡Qué nunca podré olvidar de tus labios el color que nos unía!
¡Qué te llevo como puñal clavado en mi vientre y como

Viento Serena- Divertimento II

brava mordida en mi espalda!
¡Qué eres la maldición del firmamento tatuada en la pierna izquierda de mi agonía!

Muere por favor yo te lo ruego
muérete por fin y olvídame en tu cuerpo
No dejes que termine de llorarte en este verso
muérete con el recuerdo vivo
de este amor maldito que por ti siento

Luego

He comido sin saciar mis vísceras de las carnes endebles del dolor
he libado quedando sedienta de la copa amarga del estupor
He vagado hasta el cansancio indolente por las calles de pestilente muerte
he entregado mis huesos a la lascivia del olvido sin lograr un orgasmo distendido en mi afluente

Más no
No me duele vivir en la periferia de un suspiro
No
No me hace mella dividir los latidos de mis gemidos
No
Que no me es importante recibir en mi virgo los vejámenes de un cruento olvido
Es que con el paso del trampero tiempo he aprendido
que vale más hacer un surco con la lengua en los recuerdos
que cualquier dolor encarnecido en la hoguera de un suplicio en el intento

Beso con mis dientes hoy la tierra que me sirve de alacena
con mis dedos rasgo en la piel de mi conciencia
para marcar los días vividos en esta efímera y bendita existencia

Viento Serena- Divertimento II

No he de partir aún hacia el gerundio presente de mis
quereres
pues me faltan muchos segundos más
por desnudar mi alma sobre las aguas lúdicas que me
poseen

Por eso nuevamente
beso con mis tetas esta tierra que me es por cuna y albacea
derramando perlas y amatistas sobre la grama que me es por
diadema y odisea
Esgrimo con fuerza y fiereza la espada de los versos
dejando en el aire el estruendo de mis latidos
y en las nubes
mis recuerdos más sentidos
y mis olvidos cristalinos

Divertimento II

"La diversión puede ser el postre de nuestras vidas, pero nunca su plato principal."
Harold S. Kushner

 **LILLIAM ARNAU**

Nació en Arecibo, vivió en la ciudad de Nueva York por varios años, y desde el 2013 reside en el poblado de Castañer, Puerto Rico. Estudió Literatura Inglesa en CUNY, Nueva York. Fue Profesora de Inglés en el Departamento de Educación de Nueva York. En el 2015, se unió al colectivo **Las Musas Descalzas**.

Lilliam Arnau-Divertimento II

Abecedario

Alabanzas a la tierra que me vio nacer
Bello es tu cielo y tu mar
Cuna de tantos músicos y poetas
Deportistas hay sin par
Explorar tu historia es una tragicomedia griega
Fatídica ha sido tu ansia de libertad
Gloria le damos a la bandera nacional
Hasta que solita pueda flotar
Ignorantes nos llaman los norteños
Jíbaros educados nos sabemos
Ketchup y *mayo* es nuestra combinación perfecta
Lo hacemos todo mejor aunque no trabaje
Llamamos al pan vino y al vino pan
Mas sabemos la diferencia
Nuestro futuro no está aún escrito
Ñoño es el que se lo cree
Oprobio constante encaramos con valor
Porque sabemos que somos una nación
Quiste molestoso en el trasero del tío Simón
Regetoneamos cada día la asimilación
Sonrientes le hablamos al conquistador
Todo por aquello de que reine la paz
U otro vendrá a dar golpes de estado
Xenofobia no es te lo aseguro
Yo viví mucho tiempo allá afuera
Zigzagueando entre dos idiomas.

El camino que tomé

¿Que tomé el camino equivocado?
Es posible...Mas no creo
El camino que tomé era quebrado.
Había sido pisoteado por la vida.
Nunca supo que era niño.
Nunca supo ser amado.
No sabía que al final de su trayecto
Había un mundo de sapiensa y de salmos.
Nunca nadie sembró flores
Ni le dieron atenciones.
Solo abrojos le crecían a los lados.
Y entre rocas, en el pasto del camino
Se veían flores silvestres
Que la gente pisoteaba sin cuidado.
Pero la belleza no está solo
En jardines bien cuidados.
Agarré de ese camino
Unas flores pequeñitas:
Había rojas, amarillas y rosadas
Y unas azules que le daba envidia al cielo
Al mirarlas. Y con ellas
Hice un ramo
Y añadí frondas verdosas de mi patio.
Las coloqué con cuidado
En el jarro de mi vida
Y de ellas brotaron

Lilliam Arnau-Divertimento II

Verbos de acción y de estado;
Y a los verbos le siguieron
Adjetivos y adverbios varios.
Y, ¡milagro de milagros!
Aquel camino quebrado
Vio que al final del recorrido,
De desvíos muy errados,
Encontró que al final de su trayecto
Había un mundo
De sapiensa y de salmos.

Lilliam Arnau-Divertimento II

Salmo a la patria

Dios te salve patria mía
Llena eres de encantos.
Bendita tú eres entre todas las naciones
Y bendito es el fruto de la tierra madre.
Santa tierra mía
Madre nuestra y pura mezcla
De sangre indígena, africana y española,
Ruega a Dios por nosotros tus hijos pecadores
Ahora y en la hora de nuestra muerte.
Porque te hemos sacrificado

                                      Ruega por nosotros
Y damos nuestros hijos al violador

                                      Te pedimos perdón
Por olvidarnos de nuestras raíces

                                      Ruega por nosotros
Y seguimos fielmente al colonizador

                                      Te pedimos perdón
Por no educar a nuestros hijos con valor
                                      Ruega por nosotros
Y no invertir en su educación

Lilliam Arnau-Divertimento II

                        Te pedimos perdón
Por la mala administración

                        Ruega por nosotros
Y la falta de planificación
                        Te pedimos perdón
Por sembrar más cemento que vegetación
                        Ruega por nosotros
Y ahogar nuestros ríos con putrefacción
                        Te pedimos perdón
Por no levantar la cara con indignación
                        Ruega por nosotros
Y por no redimir la patria por temor
                        Te pedimos perdón
Dios te salve patria mía
Porque ya no hay quien te salve
Bella eres tú entre todas las naciones
Y bello es el fruto de tu vientre sin luz.
Amada tierra mía
Madre nuestra y pura mezcla
De bomba, plena y el seis,
Ruega a Dios por nosotros los bailadores
Ahora y en la hora de nuestra muerte.
Amén.

Gracias al Padre

Yo también te doy gracias, Dios amado,
Porque de tantas almas en el mundo
Has cogido las nuestras y sanado
Las heridas del cosmos iracundo.
Por el amor que hemos compartido
Que el tiempo y la distancia han hecho puro
Y el milagro constante de haber ido
Caminando sin caer en lo impuro.
Sabemos que la vida es un misterio
Mas la Fe que tenemos nuestro guía
Y sabremos cual es el ministerio
Que quieres de los dos y cual la vía.
Gracias al Padre por su gracia plena
¡Y por su amor que nuestras vidas llena!

Divertimento II

 **MELVIN RODRÍGUEZ RODRÍGUEZ**

Poeta y narrador de Salinas, Puerto Rico. Estudió periodismo y actuación en la Universidad del Sagrado Corazón, en San Juan, P.R. Realizó un semestre de estudios humanísticos en la Fundación José Ortega y Gasset, en Toledo, España. Actualmente realiza su maestría en Estudios puertorriqueños en el Centro de Estudios Avanzados de Puerto Rico y el Caribe, en San Juan. Sus artículos, columnas y crónicas han aparecido en publicaciones como *Global Castilla-La Mancha*, *80 Grados*, *Inopia*, *El vicio del tintero*, *En la orilla* y la antología *Sueños del cajón*. En 2011, su libro infantil *¿Quién se está llevando la leche?*, ganó el certamen "Cuéntame un cuento" y fue publicado por Vaquería Tres Monjitas. En 2012, publicó el primer libro de la saga de fantasía *Las Cumbres*, titulado *En las montañas*, elogiado por la crítica como un "rescate"

literario a Puerto Rico. En teatro ha trabajado en las piezas *Dalí* y *En la morada del poeta*, también ha intervenido como productor, director de fotografía, editor y director en varios cortometrajes. Pertenece a los colectivos literarios Liga de Poetas del Sur, Círculo literario Antonio Ferrer Atilano de Salinas y PEN Club de Puerto Rico (del cual fue secretario). Al presente, combina su trabajo como libretista en televisión, con la escritura de sus libros.

Contigo

Perdido en el soplo de tu ternura,
urdo contigo esta redondez cariñosa,
cantamos filamentos dulces y los lanzamos
hacia un acuoso infinito rosa.
Ungidos en completa tibieza
nadamos en el éter más terrenal,
giramos juntos dentro de esta burbuja,
única, tejida con el cruce de labios,
impenetrable, pero pura suavidad,
nuestro mundo en la palma de la mano.

Melvin Rodríguez -Divertimento II

La caja de Pandora

¿Dónde está la caja de Pandora?
Necesito hallarla y volver a abrirla.
Al parecer no terminaron de verterse
todos los males allí contenidos.
Quiero ser yo quien cargue esta vez la culpa,
que el mundo señale mi infamia y mi injuria
mas la caja de Pandora quedará vacía.

Cruzará por los aires el frutal
perfume de los supuestos pecados carnales.
Le acompañarán las ansias de un insaciable
apetito de nervios, vísceras y sangre.
Echarán a volar y arrastrase mil plagas inmundas,
junto a viciosas pestes que dejen multitudes moribundas
y voces que confundan mi nombre con la apatía.

Entonces podré cuestionarle al mundo:
¿Acaso alguna vez fuiste perfecto?
Hoy me condenas por deslumbrarte
con la belleza desnuda de la incertidumbre.
Dime mundo, ¿abrir la caja es espejo de mi desidia?
¿O un frío balde con tu propio veneno y perfidia?

Melvin Rodríguez -Divertimento II

Mira cómo tu blanca ingenuidad es impura.

No acusas a quien con estupidez te embelesa.
Mas contra aquellos que revelan tu rostro verdadero
sádico te levantas en armas cual tirano,
mandando tus hordas en cruzadas de fuego.
¡Persigue a los que veneran la simpleza con alevosía!
¡Derrumba los templos que le erigiste a la hipocresía!
Acepta que también estamos fabricados con materia oscura.

Bajo el sol o la luna encontraré la mentada caja,
levantaré mis manos invocando los poderes del averno
y habré de estrellarla para que jamás vuelva a estar cerrada,
para que jamás quede presa la esperanza.
Tú elevarás mil espadas furibundas,
voraces por dejar en mi pecho una herida profunda,
pero habiéndote bendecido con la duda moriré con alegría.

Eros y Psiquis

Si mis labios fueran la seda
que te acaricia el pubis
entraría tu firme cuerpo
en una nube de deliciosos escalofríos.
Tus alas sobresaltadas se abrirían
en lo ancho del torso
mientras tus pestañas caerían
gozosamente desfallecidas.
El placer se derramaría
sobre tus torneados muslos
como el tibio aceite
de una lámpara desesperada.

Pero también podría llenar
el vacío de mis besos
con la cima que arde
en los resbaladizos pechos de otro cuerpo.
Qué no darían mis manos por calentar
la redondez de tus caderas
despertando el anhelo
dentro de tu gruta rosada.
Llenaría lo arrebatado

de tu hambriento sexo con el mío,
los dos cual exquisito manjar
con sabor a mareo.

Y aunque mis entrañas
los deseara a ambos
si los conociera
no sé a cuál amaría más.
La carne pasajera es dueña
de pasiones sin freno
mas en el seso dicta el alma
lo que es amor.
¿Por qué entonces insistir
que sólo se ame lo opuesto?
Las puertas del placer son un efímero accidente,
todo es vanidad,
lo único que queda es nuestra esencia
después de la muerte.

Fénix

Un leve crujido se escucha
bajo el grisáceo campo de cenizas.
Surgen otros crujidos por simpatía
y ruedan por el viento efímeras migas negras.
El calor extiende su mano
por debajo del suelo
y lo hace temblar.

Silencio.

¡Estalla desde la muerte
el cuerpo en llamas de un ave fénix!

Su pico absorbe el aire azul que inflama su cuerpo.
Un rugido volcánico sube por su curveado cuello de plumas
y llamas,
y se esparce por todos los confines de la tierra.
Los párpados se dividen y revelan un par de esferas oscuras
como el infinito, con una chispa amarilla danzando en su
centro.
Sus alas se abren esplendorosas y lanzan a la noche
lenguas de fuego desde el filo de cada pluma.
El cuerpo le crepita y dejando una estela de luz detrás de sus

crines y colas
emprende el vuelo hacia el universo.

Una visión tan hermosa como temible.
La luz del fénix se traga el sol y la luna.
Pero no me ciega.
Me hace ver las diminutas gotas de agua
corriendo a través de las venas de una hoja.
Me hace ver las partículas de polvo cósmico
que conforman el fulgor de las estrellas.
Su figura se expande, crece y brilla.
Su luz todo lo toca, lo envuelve y lo consume.

Mujer oscura

Hermanas de la noche
oigan el llamado,
dancen sobre las penumbras,
alrededor del fuego.
¡Llamas, brazas!
Amigas que nos reúnen
con el todo.
Dame tu mano sangre mía,
que nuestras palmas
hagan pacto.

Cantemos al pasado,
fuerzas que nos preceden,
al acogedor presente
bajo nuestros pies,
al futuro que acerca el viento.

Deja que el miedo
se esconda entre tus faldas.
Olvida a los que por lo bajo te maldicen,
eres bendición.
¡Bendita mujer maldita!

Melvin Rodríguez -Divertimento II

Hierve el brebaje,
raíces de mandrágora,
capullo de belladona,
cerezas y sangre de cuervo,
veneno de injusticias,
hila con la crin de una yegua
un hechizo que ahorque la mentira,
y labra, siembra y cuida
la hoja, el tallo y la raíz,
poción que libera el cuerpo.

Hermanas de la noche,
cubran con su manto al afligido,
atormenten el sueño del despiadado,
arranquen con sus uñas el corazón impío.

Mujer oscura,
cabalga el aire,
comanda la noche
Que se abre desnuda.

Divertimento II

"Si todo deja de ser divertido, quiero decir, si se acaba la diversión, abandono."
Keith Richards

Divertimento II

MARISOL COLÓN APONTE

Poeta, maestra de música, amante de la bohemia, educadora en Relaciones Humanas, maestra de aeróbicos y entrenadora personal certificada. Nace un 11 de diciembre en Bridgeport Conn, pero su vida desde muy pequeña se desarrolló en Caguas P.R. De su padre hereda la bohemia, el arte callado, la belleza, de su madre hereda la moral, lo correcto, el cauce de la vida. Es la segunda de cinco hermanos criados en un humilde sector de Caguas, Barrio Turabo. No empece a la difícil situación económica de su familia siempre hubo en ella esa enorme simpatía con las artes, fue estudiante de la escuela libre de música llegando a formar parte del cuarteto de flautas dirigido por el maestro Peña, también en esta escuela llegó a ser maestra de solfeo para niños durante el campamento de verano. Fue maestra de capítulo I en la escuela elemental Julio Sellés Sola enseñando a leer a estudiantes con rezago académico. Para el año 2008 participó en una competencia de fisiculturismo, llevándose el primer lugar en la categoría de Figure. Madre de una hermosa hija a la cual llamó Rubí, porque considera es su piedra preciosa.

Ejerce como Directora de Admisiones en el Centro de Estudios Multidisciplinarios, recinto de Bayamón institución educativa en la cual también obtuvo la oportunidad de ejercer como profesora de Relaciones Humanas y Preparación para la Vida Universitaria. Forma parte de la junta de Directores del programa AMOE de Carolina representando al sector educativo y es Presidente del comité de Planificación en esta misma organización.

Actualmente se encuentra en la creación de un poemario titulado *Fuga de Palabras*…poemas inéditos basados en experiencias personales. El cual tiene como subtítulo *cuando tengo tiempo de pensar en las cosas que me pasan*. Su lema de vida "Camina de frente mirando el miedo a la cara" como mecanismo de que la mujer segura es capaz de lograr todo lo que se propone. Siendo su mejor escudo Dios.

Cantos de Rebeldía

Tierra fresca revolucionaria
Que sangras por tus venas el agua que destilas
Soy raíz profunda que hoy te rinde plegaria
Yo soy el fruto que por tu senda camina.

Tierra inocente que tantos recuerdos guardas
Que escondes en el flamboyán tanta sangre derramada
Hoy son tantos que te hieren por la espalda
Que destruyen tus campos, los caminos, la ensenada.

Levanta tu grandeza y tiembla tierra mía
Que la fuerza de tus vientos estremezca
Las montañas de cemento y cristalería
Que creó el extranjero donde había yerba fresca.

Hazte sentir, no tengas miedo
Limpia tus aguas, reverdece tus campos
Que aún me siento orgullosa de vivir en este suelo
Y hay muchos que como yo, te necesitamos tanto

Desperté Poeta

Hoy, desperté poeta
Y pensé en lo bello
Y brillé en cada estrella
Destacar las flores
Oler cada una de ellas
Experiencia inútil
Aún quedaban huellas.

A pesar de todo
Amanecí poeta
Y quise escribir,
Lo que mi corazón piensa.
Confusión de ideas
Reflejar mi conciencia
Y de forma clara
Lograr que entiendas.

Que aunque fui olvidada, amanecí poeta
Que aún con el rostro amargo
Y el corazón sangrando tristezas,
Le escribiré a lo bello, a lo sutil de esta tierra.
Aun cuando ando con la traición a cuestas,
A pesar que tengo el alma deshecha
Todavía hay esperanzas
¡Desperté poeta!

Luna Luna

Quise extasiarme de la luna luna
Ser parte del aire, un rayo de sol.
Allá en la montaña ser agua pura,
Ser rosa y no espina, la esencia de amor.

Manzanilla que orna el camino en la orilla,
Loto que resiste hundirse en el cristal.
Estrella fugaz que en lo lejano brilla
E ilumina senderos cual astro matinal.

Me equivoqué en el viaje y me topé una estrella
Inhóspita, sin aire, sin luz, ni esplendor
En un cruel espejismo de la magia más bella
Encontré solo espinas y migajas de amor.

Alzo el vuelo en mi llanto, ¡Regresa Luna, luna!
Solo quiero ser parte de tu luz y color.
Quiero mirar las rosas radiantes en tu altura;
Que mi tierra está yerta y aún hay vida en mi flor.

Te Escribo al Morir

Aquí estoy nuevamente pensando
Carbón en la mano para dejarte saber
Que estuve una vez y otra vez ya no estando
Pensando y pensando en ser y no ser.

Más no mires mi cara porque ya yo no existo
Hace tiempo dejé de ser y me fui
Encontrarás gente, dirán que me han visto
En la nada buscándome otra vez te vi.

Y estando tan cerca muy lejos me encuentro
Me fui con el viento más lejos que el mar
Ya no estoy contigo, lo siento, lo siento…
Me faltó el aliento y jamás me verás.

Y Quise Volver al Mar

Y vi de nuevo el mar
Y descubrí las pequeñeces mías
Y mi alma en agonía.
Y en ti las horas de vida ardían.

Y en mi cara se juntaron,
Gotas de mar y viento
Y mientras mi alma muriendo
Y tu… vida, seguías viviendo.

Y al verlo tan grande e inmenso
Me fui perdiendo en su grandeza
Intenté volver atrás,
Más me lo impidió el tiempo.

Y quise ser más agua que el agua,
Y quise ser más viento que el viento
Y fui un poco de nada
Y fui de la vida un tiempo.

Y al fin pude volver,
De allí pude escapar.
Más mi llegada pasó inadvertida
Y quise volver al mar.

Divertimento II

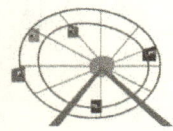

"La mitad del mundo es incapaz de entender las diversiones de la otra mitad."
Jane Austen

PERLA IRIS RIVERA

Nació en Santurce en 1966. Sus padres William Rivera y Aracelis Guardiola le enseñaron desde muy pequeña el amor al arte a través de la música. Comenzó en el Piano desde los ocho años. Posee un bachillerato en Comunicaciones de la Escuela de Comunicación Pública de la Universidad de Puerto Rico. Posteriormente estudió Derecho graduándose de la Facultad de Derecho de la Universidad Interamericana en 1992. Descubrió su pasión por escribir Poesía en marzo de 2014.
Trabaja como abogada en el Departamento de Justicia de Puerto Rico.

Divertimento II

Mis mares revueltos

Tú y yo amantes eternos
Tus manos en mi cintura
Mi boca en tu cuello
Una vez más a vivir lo más bello.
Surca con pasión mis mares revueltos
Como buque, galeón o crucero
Eleva tu ancla
Abre las velas al viento,
Y como un océano inquieto
Zambúllete en mis adentros.
Tus labios en mi espalda
En un beso infinito
Mi lengua con ansia centrífuga
Exacerba tu lecho marino,
Hechizamos la brújula absorta de nuestro destino
Y mi ciudad de la Atlántida
Emerge de su extravío.
Aunque arrecie la tormenta amado mío,
El sol nos queme
Y el más inmenso glaciar inunde nuestro camino,
Besa mi Patagonia desnuda
Mi desierto de Atacama
Mi gruta del héroe caído
Y por siempre despierta en mí todo volcán submarino

Epílogo de una vida ausente

Penetra la intensa mirada de mis ojos
este gran espejo,
hermoso en su antiguo mueble de caoba
que según lo mejor de mis recuerdos
las tertulias de la abuela y de sus cuentos
su majestuosidad no fue acabada
por el salitre y el pasar del tiempo

Te miro espejo y clavo en ti mi mirada
la que se vuelve demente con mis pensamientos,
retratas mi alma acongojada
mis lágrimas y mis lamentos,
contrasta la pared de blanco recién pintado
con el rojo intenso de mi lápiz labial,
mis lentes y el vestido que llevo puesto
con el intenso color negro de mis ojos
cuyo brillo que como cuchillo reluciente
casi quiebra tu cristal inmaculado

Guardas en tus arenas fundidas con fuego mis sonrisas,
mis prístinas lágrimas que como correntías de otoño
bañan el tocador,
podrías ser un vitral de mis vivencias,
desdobladas y disonantes

Soledad te siento...
no quiero recibir tu infecundo abrazo,
no quieras posarte sobre mi perenne suspiro,
sabes que divago como alma en el inexistente purgatorio

Todos se fueron, cerré sus ojos,
el amor de mi vida transmutó en cenizas que se llevó el viento.
Destroza de una vez mi esencia de columna de Corinto,
rompe mis entrañas de burdel parisino,
mi espíritu que intentó ser nómada sin un cruel destino.
Envuelve mi peregrinaje trunco
con tu mantel de lino fino y apaga este faro corroído
que no ilumina este laberinto.

Mi recóndita armonía

Acalla mi espíritu
El manjar de tus besos,
Una vibrante calma
Que despierta mis labios
Cada amanecer dorado

Ritual de ensueño
Te siento impetuoso,
Enciendes mi santuario
Con velas al templo,
Clamo a los vientos,
Me acogen los cielos
Me retrato en las aguas
De tu amor sempiterno.

Riega mis campos
Al compás del dios Fauno
Y como Venus asciendo
A la cima del Monte Parnaso.
Embriágate de la vid de mi vientre desnudo
Y derrama tu pasión con tu lira
De Dios griego eterno.

Perla Iris Rivera - Divertimento II

Elevo mi canto de musa
Al dios Apolo
Desciendo de la cima
Me quiebro con ternura
En pedazos
Me llena tu esencia
Beso con fuego tus labios
Y en recóndita armonía
Vuelvo a dormir en tus brazos.

Divertimento II

"El que conoce el arte de vivir consigo mismo ignora el aburrimiento."
Erasmo de Róterdam

Divertimento II

EYANORE

Nace el 1 de octubre de 1991 en Guayama, Puerto Rico.

Desde muy temprana edad va desatando una pasión por la escritura que, más tarde, la va transformando de simples líneas incoherentes a múltiples géneros tales como la novela, cuento y poesía. Desde la escuela elemental, ha realizado varias novelas y sus obras actuales fueron bosquejadas desde entonces. Teniendo por antemano su relación con las letras, decide hacer un bachillerato en Estudios Hispánicos en la Pontificia Universidad Católica de Ponce, el cual termina en el año 2013. Actualmente, está culminando su maestría en la misma concentración. En septiembre de 2014, publica su primer poemario *Vástagos*, bajo la Editorial Zayas, el cual comprende de dos partes: *Las Despedidas e Inexistencia*. En el 2015 publicó junto a Eyanore Azabache, el poemario *A Mar Abierto*.

Divertimento II

La Tortura de Ixión

Corre entre brazos de la noche
el cielo, la luna y nubes como paisaje
anuncian junto a su tornaluz
la voz sombría de un llanto incurable
frente a su desventura, un navío alejándose
se escucha el eco entre los aires.

La llamada de un soldado errante
una rueda pullante, circula sus males
sus manos abruptas restan su descanso,
las cadenas rodantes agarran sus libertades
se escucha el eco entre los aires.

Una picadura en su costado yace
el veneno se ha derramado
el mal, se enrosca como antes,
su cuello excitado en gritos arde
la furia de aquellos ignorantes
la angustia de aquel errante
se escucha el eco entre los aires.

El cielo entristecido reposa sobre su amante,
la rueda gira rompiendo su contraste,
las serpientes bailan al zumbido de los árboles.

Eyanore-Divertimento II

Una voz grita susurrante
un adiós para la vida y su contraste
se escucha el eco entre los aires.

Sus ojos serenos cierran al escape
una lágrima rueda por su mejilla sonrojante
el tibio amanecer va llegando, sintiéndose culpable
una vista hermosa desde los mares
una montaña y en su seno, el errante
se escucha el eco entre los aires.

Un mar de sangre
un cuerpo inerte sin responsables
el exilio de un alma delirante
la búsqueda de un mundo distante.
Se escucha el eco entre los aires

En vuelo

…Nos lleva de la mano,
así como el amor arrastra a este ser…

Fuerzas he tenido conmigo en recato,
una sombra, un brío.
La mañana me lleva a otra noche sin descanso,
a otros cuerpos predestinados
pero yo quiero ser…

El tumulto de la lluvia
enloquecía a gritos desde la ventana.
Mis manos buscaban tu cuerpo,
buscaban la sensación de un aliento
y, solo, tropezaban con la fría melodía de un muerto.

No estaba tu alma,
solo estaba ese cuerpo tirado,
atornillado entre las sábanas.

Y, dicen que el sueño te miraba, te deseaba
y, hoy, te abandonó
y abandonó la vieja cosquilla de esos brazos
entre mi pecho o en la espalda.

Eyanore-Divertimento II

Hoy, me retiro a la nicotina de un vino
y a los años de una soledad amada.

Y, se me van los ojos
en la oscuridad de los marginados.

Y, se me va el amor entre mi cintura y los ánimos.
Se va todo a la m...

Eyanore-Divertimento II

El secreto de la soledad

Esta noche me he enfrentado a una verdad,
una sola estancia de mi pasado, presente
y una cicatriz que me acompañará.
…La soledad…

La he visto pasar por mi pecho
ese fuego, esas llamas de insuficiencia
esa carencia de amor,
y esa gota de amargura.

La he visto desfilar en caras conocidas,
en pesadillas distantes a mi sueño,
en penumbras de mi propio mundo,
en la dejadez del deseo,
y al amparo de una luz al final de la felicidad.

La he visto reírse de mí
a espaldas de la traición de muchos
a costilla de mi debilidad humana
al rostro puro del rechazo.

Es ella,
quien por cada luna guarda mis lágrimas.

Eyanore-Divertimento II

Soy yo,
quien le pide que no se aleja porque me da miedo.

Es ella,
quien me golpea contra la realidad.
Soy yo,
que niego su regreso.

Es ella,
quien al fin me sostiene
porque otro alguien me ha dejado en silencio.

Le temo al olvido

Quiero declarar este dolor tan grande que se sumerge en mis silencios.
Por más que te pienso, has decidido convertirte en la sombra de mi tormento.

Ahí, te has quedado
inmóvil, sumergible a todos tus encantos
mientras más te deseo
te alejas.

Me satisface aquella gota última del placer,
cuando se ha devuelto sin ser vista a mi regazo.

¿Qué será del otoño?
Que con su triste llanto,
ha roto en mil pedazos este corazón.
Lo ha vuelto la escoria inservible que solía ser, antes de conocerte.

¡Si por un momento pensaras en mí!
Mi condena seria menos, pues un recuerdo hubiese estampado
en aquella sonrisa,
en aquel hermoso ocaso de la luna picada.

Eyanore-Divertimento II

Pero…hoy me niegas ser tu llanto…
tengo un rubí de amaneceres que se desploman,
en el triste pensamiento de que no te acordaste de mí.
Y, aunque fuese por un momento,
tuve la sensación de perderme.

Un lugar

El tiempo desestima las caras,
esos rostros ajenos que calan el alma y se vuelven parte de
un todo.

Y polvorizamos la frente para sentirnos parte de algo,
aunque sabemos que somos la única verdad legítima de la
existencia.

No se guardan lágrimas, risas o recuerdos. Pues, todo se
olvida por los rostros ajenjos
de la envestidura de los años.
Todo descansa y se destruye,
trozo por trozo,
herida tras herida.

Vuelve,
prontamente,
una tierna caricia que nos reconoce
luego de tanto tiempo.
Es la muerte, sujeta a unas alas licántropas
que enmarcan nuestros ideales
enmarañados al sueño. Más nuestro sentir,
nuestra alma,

Eyanore-Divertimento II

se alborota en el interior,
conoce que es tiempo para partir de esta pagana agonía que
se resguardaba de las siniestras miradas que aruñaban el
rostro.

Eran fieras sedientas,
que exigían,
suplicaban
que derramara lágrimas,
sentimientos puros
para volverse fuertes mientras yo me consumo.
Sin embargo, el fuego que de ellos emana es dolor, envidia y
banales victorias de pestilentes engaños.

Yo, cual sombra,
no sigo sus pasos.

La oscuridad me llama y responderé,
por la fría sospecha
de contemplar mi propia dignidad.

Divertimento II

RICHARDY REUBEN VAZQUEZ DAVILA

Nació el 28 de Julio de 1960 en el Walter Reed Hospital, en Washington D.C. Cursó su grado de Bachillerato en Ciencias Políticas y estudios Graduados en Administración de Personal y Relaciones Laborales de la Universidad de Puerto Rico.

Obtuvo Certificado en Diplomacia y Relaciones Internacionales del Centro Caribeño de Estudios Avanzados de Puerto Rico y el Caribe. Ha participado del Taller de Poesía Confesional que ofrece la Poeta y ensayista puertorriqueña Mairym Cruz Bernal. Colaborado para la Revista en línea, *Poetas Sin Fronteras* de Veracruz y publicado en las Antologías de Poesía: *Camino Incierto*, *Amanecer Solitario* (del Centro de Estudios Poéticos Madrid, 2010). En la actualidad es funcionario público en el Sistema de Educación del Gobierno de Puerto Rico.

Divertimento II

Allí

donde la lluvia
   y el rocío
no pueden dañarme
como daña
   el corazón
sufrir por amor.
Donde la muerte
     no vive
Unámonos
los dos
     para formar
un nuevo sol
   cual producto
del ardor
   el fuego
de un inmortal
   amor

Estoy a salvo

Ahí viene en el carro fúnebre
 a buscarme
 sale armado un Ángel Negro
    curiosos esperando
 que entre al cuarto
Debo confundirme
    entre la multitud
 para escapar
mi corazón agitado
quiere salir de la prisión
    apenas un pie
 de distancia
      Amenazado
¿A dónde vas?
Al agujero
 si me puedes atrapa
Él observa cómo logro distanciar
una voz invita a todos a cazar
Aquí grita un niño.
¡Por ahí va!
Me interno en un bosque pantanoso
luego de tanto correr
tropiezo
caigo

Richardy Reuben Vazquez- Divertimento II

escucho el ladrido de los perros
la gente gritar
y yo
sin poder mover mi cuerpo
lleno de fango
tengo frío
siento que me toman
por las manos
arrastrando al pozo
bajo
profundo
al paso de unos minutos
que parecen horas
abro los ojos en un cuarto
entre osos de peluche, perros,
conejos y muñecas
me observa una niña
  llorando

Mi bien amada

Si mi hablar pudiera
        conmover
tu corazón
     y mis besos
borrar lo falso
    de tu orgullo
Si tan solo
       envolverte
en el cedazo
      de mis brazos
y yo en los tuyos

El mundo entero
 entendería
    que has nacido
   siendo mía
y cual flama
te encenderías
pidiendo
     más calor
para poder
  mantenerte
      viva.

Richardy Reuben Vazquez- Divertimento II

Te perdí
sin quererlo

Se hacen
largos los días
    desde tu partida
Ya no escucho
 el eco
    de las golondrinas
como antes
 lo hacia
Me siento intranquilo
    ante tanto silencio
Me sangran
    los labios
 al recordar tus besos
    y todo por celos
  por no haber creído
en tu palabra
Te perdí
 sin quererlo
   como un nombre
en la arena
borrado por olas
  al subir
 la marea

Palabras

Se marchaba
      tras un no
 que salió
desde muy dentro
      de mi alma.
Días...noches enteras,
 juntos esperanzas
      derrumbaba...
Debo marcharme decía
 porque sé
que no me amas
      quise retenerla,
pero estaba
      enamorada.
 De mi pasar
por la vida muchas
 cosas le ocultaba
 y temía
que algún día
 sin querer
me repudiara.
Vete, vete le decía
Vete, vete
 ya muchacha
      pero solo
eran palabras
      PALABRAS ...PALABRAS.

WALESKA VICTORIA CASTILLO CRESPO

Nació en Chicago y reside en Aguadilla. Estudió el bachillerato y la maestría en Estudios Hispánicos en el Recinto Universitario de Mayagüez, U.P.R.

Realizó el doctorado en Filosofía y letras, redactó su tesis doctoral de poesía en el Centro de Estudios Avanzados de Puerto Rico y el Caribe. Además realizó una Certificación postgraduada en lingüística y labora como Facilitadora docente. Publicó el libro Violencia testimonial: *La bestia* (2008), el poemario *Ideas inconclusas* (2010) y *Centrífuga* (2013). Su próximo poemario, *Lirio de hierro*, se encuentra en proceso de edición.

Divertimento II

virtuosos

Un desfile ha comenzado
luces y una orquesta de agua
sonrisas invertidas
las comisuras de la boca ensangrentadas
globos azules se desbordan
de entre los dedos
los cuchillos ya afilados al borde de la mesa

llueve gotas de helio
irrumpe la mujer con barba
pregona un chiste
el faquir estira su garganta
y prepara un fuego nuevo

la mujer de dos cabezas desparramada
inamovible como un cuerpo sin alma

la contorsionista sube a escena
observa el espectáculo
herida de espada,
se voltea para darles
una última mirada
incinerada

cadenas del alma

Un arrastre desigual de cadenas
risa profunda evoca la inmensidad del dolor
vida que intenta ser vida
trata de desabotonar las camisas de fuerza del pasado
adicción a oscuridades
llenarse de luz por un instante
los muertos se acuestan a su lado
como acompañantes reales
los gemidos
colores de voces
orquesta de sueños sin soñarse
los motores y las manecillas se rompen a martillazos
allí el tiempo es nada
allí la nada es oro
el aire es lento, sombrío
los espacios son de todos y de nadie
la esperanza perdió sus tonalidades

quisiera pintar los eslabones de hierro con destellos de soles
entrelazar una hilera de lirios blancos
y el tiempo se gasta
como agua entre los dedos abiertos
de una mano

aire del sonido

Tejo un collar
versos perlados de silencios
ensarto en un hilo palabras
historias que no logré contarte nunca
se encabalgan en un paradigma
de incertidumbre

siéntelas susurrar
como la tijera cuando se desliza cuidadosa
para cortar tela
nos cobija bajo el manto de luna
su cabellera llena de sabiduría plateada de siglos
testigo de todos los suspiros
se amarran firmes como nudos
en sogas de verbos que sudo

voy hilvanando sintagmas de estrellas
para adornar la luz que respiro
el sonido vibrante
de tu sonrisa

vaquero barba y whisky

Si fuera el hombre detrás de la puerta de cristal
usaría un reloj más grande que mi muñeca
caminaría para parecer interesante
una sonrisa desnuda mis labios
ante las curvas de tus caderas

planchado, lavado por alguna
muda en algún palacio prestado
tendría todas las yeguas sorprendidas en mi corral
las sustituiría unas por otras
iguales y embrujadas por mi perfume
por mis palabras de diccionario de tango

músculos hechos trabajando el patio sin pisar gimnasio
te rebuscaría como al maletín que llevo
te cargaría a la cama sin cambiar la sábana

inventario

los besos que me diste
tienen ojos
flotan sobre las aguas del cuerpo
dibujan párpados abiertos
y rozan por los contornos de mis senos
se tatúan como moretones azules en las venas

los besos por dar
vuelan sobre nubes
ruedan al pavimento de tu piel
se sientan a caminar el vértigo del amor
se derriten en tus hombros
desaparece el peso del mundo

los besos que faltan
son indefensos ante el crujir de mi corazón

dame besos milenarios con la lengua de luz

te besaré como el salitre
diluido entre las partículas de la arena

Divertimento II

"La alegría es el vino dulce de la vida."
Henry Ward Beecher

Divertimento II

SARAH ILEANA SÁNCHEZ DÍAZ

Vive en Aguadilla pero se crió en Santa Isabel. Producto del sistema de enseñanza pública de nuestro país.

Estudió ciencias y administración y formó su carrera profesional en la industria comercial privada.

En sus años de educación secundaria recitó la poesía de distintos autores. Pero, su nacimiento y definición literaria, ambos, fueron marcados por las huellas que le dejaron: Julia de Burgos, Sylvia Rexach, Facundo Cabral y Alberto Cortés. Se alimentó de sus estilos y finalmente desarrolló el suyo, uno intenso, lleno de fuerza, sensibilidad y profundos matices. Donde mezcla y denuncia, de una manera enfática, toda una serie de temas que le arranca a la vida y a los sucesos diarios.

En el 2013 publicó su primer poemario: *En silencio, para ti...* En la actualidad, atiende los últimos detalles de su segunda aventura con las letras: *Intensa*.

Divertimento II

Destierro

Estoy,
y no estoy.

Me encuentro,
y me pierdo.

Transito desnuda.

Sin tiempo,
ni dudas.

Descanso en las alas
de unos versos
sin ruta.

Nada tengo.
Nada soy.

A nadie pertenezco.

Me duele el destierro,
de tantas noches
sin luna.

Desde hoy

Desde hoy,
bailaré desnuda
sobre la yerba.
Romperé ataduras.
Liberaré esquemas.

Seré llovizna,
rocío, pincel,
y primavera.

Desde hoy,
disiparé las brumas.

Extinguiré mis dudas.
Borraré las quejas.

Y, cuando esté a oscuras,
me guiará la luz
de mil estrellas.

Porque, desde hoy,
yo me declaro libre.

De maquillajes,
de vestiduras,

y etiquetas.

Y, al fin,
yo voy a ser feliz.

Sin restricciones.
Sin instrucciones.
Sin opiniones.

¡Ni apariencias!

En el parque

Fue en el parque.
Allí lo vi.

En sus ojos,
se balanceaban
dos estrellas.

Sus pies, desnudos,
casi besaban
las hojas secas.

Sobre su espalda
cargaba siglos
de lunas llenas.

Fue en el parque.

Y, después,
nunca más lo vi.

De un solo trago,
se bebió
la noche entera.

Y, se fue,
¡con ella!

Madrugada

Tal parecía que me amabas,
cada vez que me abrazabas.

Cuando intuías mis palabras,
sin que yo las pronunciara.

Cuando me recostabas,
en tu pecho,
justo en el centro de la cama;

y, con la punta de tus dedos,
-con extrema suavidad-
mi rostro acariciabas.

Cuando recorrías con tus labios
hasta los latidos de mis ansias.

Cuando tu sexo era mío,
y en mí te derramabas.

Sí, yo lo aseguro;
tal parecía que me amabas…

Fiel espejismo de mis noches.
Deseo febril de madrugada.

Sarah Ileana Sánchez Divertimento II

Esa noche

Nunca supe
cuántas veces
te besé,

aquella noche.

Nunca supe
si soñaba.

O si era cierta
tu presencia
aquí: en mi cama.

Solo sé
que yo te amé.

Una vez,
y otra vez.

Mientras,
la noche,
se pronunciaba.

Nunca supe
cómo fue.

Nunca supe.

Pero,
esa noche,
te besé:

¡hasta en el alma!

Divertimento II

"El único deber es el deber de divertirse terriblemente."
Oscar Wilde

 **EYANORE AZABACHE**

Nació en Ponce; se crió en Santa Isabel.

Estudió Programación de Computadoras, Cosmetología, Nutrición, Etiqueta de mesa y Guardia de Seguridad. Trabajó como Oficinista en Departamento de Asuntos de Familia, y como Guardia de Seguridad en la Termoeléctrica de Cataño. En agosto de 2014, finaliza los estudios de Bachillerato en Justicia Criminal en la National University College. Actualmente, estudia la Maestría en Educación y Liderazgo en la misma institución. Publicó, junto a su hija Eyanore, el poemario titulado *A Mar Abierto*. Próximamente, publicará otro poemario titulado *Apócrifo*.

Divertimento II

Rescate

Rescatada de un mar de lágrimas y llanto
así me encontraste y ahora solo queda el recuerdo.
Aquello que me hizo el ser humano que soy
ahora de hierro sólido.

Con el corazón enmarañado de malas pasiones
y amores fortuitos, pienso en lo mucho que perdí
con seres humanos desechos de esta vida.

Hasta mi mundo le pertenecía a los amores viejos y nuevos
que yo viví y que ahora están lejos de mi ser.
Vida tan mísera cuando se depende de un ayer
que murió al nacer.

El amor todo lo cambia y renueva el alma
pero te fortalece el corazón y te trae la calma.
Ya mis lágrimas son de felicidad y pura tranquilidad
porque la vendimia que tenía se me quitó.

Ahora mi mar solo tiene tus besos
esos que día a día me llenan
el vacío que yo tenía.
Me sostienes en tus brazos y me das todo tu amor
¡qué lástima que solo sea en mi imaginación…!

Un Río de Dolor

Duele Pensarte
Duele Soñarte
Duele No tenerte
Duele Verte y sin poder tocarte
Duele Escucharte
Duele Leerte
Duele Imaginarte
Duele Mirarte
Duele Amarte.

Duele que las paredes hablen
Duele que se quejen de los rasguños
Duele todos los gritos que no se dieron
Duele que la cama hable quejándose de la soledad.

Duele los gemidos que ya no están y que nunca estuvieron
Duelen ahogadas las expresiones que nunca existieron,
Duele que tú estés sordo de tu cuerpo cuando golpea contra el mío
Duelen las rodillas quemadas de tanto suplicarte que regreses a mi lado.

Duelen mis poros abiertos de tanta agua que al llorar derramaron

Eyanore Azabache-Divertimento II

Duelen las lenguas entrelazadas que nunca estuvieron
Duelen que retengan los suspiros que nunca salieron
Duele que intensifiquen el poder de tu voz que nunca me llamó
Duele que desesperen vehementes por oírme decir tu nombre.

Duele que lamenten la lámpara rota
Duele el tiempo que corre
Duele el aliento que falta
Duele que tiemble el silencio
Duele que exijan más secretos,
Duele que humedezcan desde lo inerte por escucharme gritar tu nombre una vez más.

Duele que cuenten de una vez las historias que tú y yo nos hemos ido escribiendo desde hace tanto en esta habitación.

Pero más Duele el Amor que nunca me juraste
sabes que me duele tantas -y tantas veces-
que es como un río desbordado de dolor y sufrimiento
sin poder quitarme, simplemente,
ese dolor y ese sufrimiento.
¡Duele de tanto Doler!

Me enamoré

Amanece.
Siento mis ojos
que se abren
para recibir el nuevo día.
No sé
pero
siento
una inmensa
alegría
creo que
me
enamoré.

De esos ojos brillantes que me miraban desde mi sueño
donde lo veía desde ese sueño
donde no lo esperaba pero ahí estaba. Amor, que me cansé
de buscar, tú hoy me diste esa
alegría al despertar.

¿Cómo explicar?
No lo sé, solo que
me enamoré.

Amaneció.

Eyanore Azabache-Divertimento II

Sentí el viento soplar
que
entraba
por mi ventana
me asomé
se veía
una
esplendorosa mañana.

Las flores sonreían: me parecían mirar, hasta creí un comentario entre ellas escuchar.

Decían
"mira qué lindo"
él en su sueño
como nosotras solemos soñar
que de aquí más allá no podemos caminar
mira qué lindo, qué hermoso, en su sueño se pudo enamorar.

Esto
escuché y, de verdad, quiero confesar si es verdad me ENAMORÉ.

De ese hombre precioso sin malicia y de sentimientos muy jugosos. Es juguetón, tiene cierto carácter pero es muy juicioso, extrovertido, le gusta sorprender en el amor y sus formas de amar, es impredecible de él, todo se podía esperar.

¿Quién de alguien así no se va a enamorar?

Y
quién dijo que la distancia, ese fenómeno del alma, lo podrá evitar. Mira tú que estás ahí y yo aquí, en el otro lado del mundo. Mira, mi amor, como te suelo abrazar con ese mismo amor con ese amor que mi alma enamorada te suele alcanzar.

Esto fue lo que pensé.
Cuando en esta mañana me desperté de ese sueño que tuve que soñar. Sueño tan hermoso que contigo tuve que soñar, mi amor, mi cielo, mi vida. De tus brazos yo no me quería más apartar, pero fue inevitable y me desperté. Mas aunque aquí mirando la naturaleza de algo tengo la certeza y eso sí lo…

sé,
amor de ti
ME ENAMORÉ.

Días de Lluvia

Tener la sensación de tu cuerpo sobre el mío
en días de lluvia, amor mío, es lo más hermoso.
Cuando al levantarse me detienes con tus caricias
sobre mi espalda rozándome todo el cuerpo centímetro
a centímetro; y sentir que mi ser se desvanece
y pensar ¡cuándo volverán estos días de lluvia otra vez!

Entonces voy, lanzo toda mi pasión y me dices "detente
no sigas" y pregunto el por qué y dices "si entregas tu alma
te haré mi prisionera". Entonces te digo "estos días nunca
volverán, tú lo sabes", ya solo son días de lluvia y nada más.

De solo pensar en tus labios ardientes por todo mi cuerpo
dándome caricias y pensar que es amor casi verdadero
y que me toques el corazón llegando hasta lo más profundo
de mí ser y pensar que solo son días de lluvia y nada más.

Luego me seduces con tus palabras,
llenas de un adiós y con sabor a olvido;
que jamás nos volveremos a ver
y dejas atrás estos días
solo porque son esos días de lluvia y nada más.

Volver

Noche tenebrosa
llena de nostalgia y recuerdos
que habitan en mi alcoba,
tan solitaria y tenaz.

Ahora,
me arrepiento de verte
causado tanto sufrimiento...
...pero hoy, te digo,
que lo prefiero así...

Somos almas gemelas
como tunantes en la vida;
yo, por amor, te perdí...
tú, por la inseguridad que tenías en la vida....

... ya solo quedan recuerdos
de aquella primera noche
y la gran despedida...

Te tuve entre mis manos
y tú ya me tenías
pero ahora este deseo de amarte y estar contigo
no sale de mis pensamientos.

Eyanore Azabache-Divertimento II

Tus besos me enloquecieron
y tus caricias me envolvieron,
si el retroceder el tiempo en tus brazos, me regresaría a ti.

Te juro que tenerte
sería lo que pediría...
...solo un momento contigo...

...eso desearía
pero ahora solo te deseo felicidad en tu vida
porque por tu amor yo moriría
y viéndote feliz,
....mi vida cambiaría...

Divertimento II

BREVE HISTORIA

Cuando se hizo el libro antológico *Divertimento*, descubrimos la gran cantidad de poesía que se produce en Puerto Rico hoy en día. Fueron veinte poetas que participaron en un juego literario que comenzó en las redes sociales y, como un juego entre amigos, compartimos unos con otros nuestra poesía. Descubrimos, además, que habían muchos más autores que merecían aparecer en otros libros, por lo que nos dimos a la tarea de invitarlos para hacer *Divertimento 2*.

Aquí se reúnen veinte poetas distintos, algunos nunca antes publicados, otros con vasta experiencia, pero todos llenos de un espíritu vivo y de gran amor por las letras, para continuar con la diversión de escribir poesía y dejarlas de forma permanente para la historia literaria de Puerto Rico.

¡Que continúe la diversión!

Jeannette Cabrera Molinelli
Compiladora

Copyright © 2015
Divertimento II, Antología Poética
ISBN: 0692535829
ISBN-13: 978-0692535820
Este libro se terminó de imprimir en septiembre 2015,
por Editorial Zayas (787) 263-5223
www.editorialzayas.com.
Email: gerente@editorialzayas.com
www.facebook.com/editorialzayas

Divertimento II

Títulos de Editorial Zayas:

1. Expectativas, (2013)- Miguel Ángel Zayas
2. Inspiración de Vida (2014) Omaira Fernández Rivera
3. Entre Rosas y Vinos (2da.ed 2014)- Miguel Ángel Zayas
4. Icus en Sueños, (2014)- Gloria Rivera Rivera
5. Vástagos, (2014) Eyanore
6. Camino de Espinas y Fe (2014)- Gloria Rivera Rivera
7. Los Cuentos de Pimpo (2015) – Miguel Ángel Zayas
8. Divertimento, Antología Poética (2015)- Varios Autores
9. Hasta Luego Pequeñín (2015) – Mamita
10. A mar abierto (2015)- Las Azabache
11. Versos náuticos, antología de poetas iberoamericanos (2015)- Varios Autores

Publica con nosotros,
hacemos tu sueño de publicar una realidad.

Tel. (787) 263-5223 Web: www.editorialzayas.com
Email: gerente@editorialzayas.com
Facebook: www.facebook.com/editorialzayas

Divertimento II

www.ingramcontent.com/pod-product-compliance
Lightning Source LLC
Chambersburg PA
CBHW020854090426
42736CB00008B/365